MISERICÓRDIA:
ESSÊNCIA DA VIDA CRISTÃ

Irmão Nery, fsc

MISERICÓRDIA: ESSÊNCIA DA VIDA CRISTÃ

Paulinas

Dados Internacionais de Catalogação na Publicação (CIP)
(Câmara Brasileira do Livro, SP, Brasil)

Nery, Israel José
    Misericórdia : essência da vida cristã / Israel José Nery. – São
Paulo : Paulinas, 2016.

    Bibliografia.
    ISBN 978-85-356-4095-3

    1. Deus - Misericórdia 2. Misericórdia 3. Vida cristã I. Título.

16-00647   CDD-241.699

Índice para catálogo sistemático:

1. Misericórdia : Cristianismo   241.699

Direção-geral: Bernadete Boff
Editora responsável: Vera Ivanise Bombonatto
Copidesque: Cirano Dias Pelin
Coordenação de revisão: Marina Mendonça
Revisão: Ir. Valter Zanatta, fsc e Ana Cecilia Mari
Gerente de produção: Felício Calegaro Neto
Projeto gráfico: Jéssica Diniz Souza
Imagem de capa: O bom samaritano, José Manchola, 1857

1ª edição – 2016

Nenhuma parte desta obra poderá ser reproduzida ou transmitida
por qualquer forma e/ou quaisquer meios (eletrônico ou mecânico,
incluindo fotocópia e gravação) ou arquivada em qualquer sistema ou
banco de dados sem permissão escrita da Editora. Direitos reservados.

Paulinas

Rua Dona Inácia Uchoa, 62
04110-020 – São Paulo – SP (Brasil)
Tel.: (11) 2125-3500
http://www.paulinas.org.br
editora@paulinas.com.br
Telemarketing e SAC: 0800-7010081

© Pia Sociedade Filhas de São Paulo – São Paulo, 2016

SUMÁRIO

Como surgiu este livro 7

Capítulo 1. A revelação da misericórdia de Deus 10

Capítulo 2. A dimensão maternal da misericórdia 21

Capítulo 3. A dimensão libertadora da misericórdia 28

Capítulo 4. E a misericórdia veio morar conosco 46

Capítulo 5. Jesus, a misericórdia divina entre nós 56

Capítulo 6. Maria, Mãe de Misericórdia 72

Capítulo 7. Paulo e o amor misericordioso de Deus 81

Capítulo 8. Igreja misericordiosa e em saída missionária .. 92

Capítulo 9. As obras de misericórdia 106

Capítulo 10. As obras de misericórdia corporal 113

Capítulo 11. As obras de misericórdia espiritual 133

Capítulo 12. Chamados a ser misericordiosos 161

Bibliografia 171

COMO SURGIU ESTE LIVRO

É uma graça especial o fato de a Igreja, neste tempo de fortes acontecimentos, num contexto complexo, doloroso e promissor do processo de mudança civilizacional no qual nos cabe viver, colocar em destaque a misericórdia divina e a necessidade de sermos, como Deus, misericordiosos. Apenas para avivar nossa memória, recordemos, agradecidos, que, quando papa, São João Paulo II publicou, em 1980, a encíclica *Dives in Misericordia* (Deus, rico em misericórdia). Sejamos agradecidos, também, ao Papa Francisco por ter convocado o Ano Jubilar da Misericórdia – de 8 de dezembro de 2015 a 20 de novembro de 2016 –, cujas grandes linhas teológicas e pastorais ele apresentou na bula pontifícia *Misericordiae Vultus* (O rosto da misericórdia).

Convidado para uma assessoria sobre o tema, comecei a preparar uma apostila, um roteiro de oração, consultar livros, orar, meditar e procurar na internet algum vídeo de apoio. Empolguei-me. Senti um impulso forte, diria mesmo irresistível. Comecei a digitar um caudal de ideias que brotava em mim. Vi que daquele febril escrever estava nascendo um possível livro. Nem me perguntei sobre a viabilidade de ser publicado. Não era esse o meu objetivo. Também não levei em conta a quantidade e a variedade de subsídios já disponíveis nas livrarias e na internet sobre tão importante tema: a misericórdia. Depois, porém, percebi que, se publicado, poderia ser útil a muitas pessoas e grupos.

Depois de discorrer sobre os significados de misericórdia, a partir da etimologia e da cultura do mundo semita e do ambiente greco-romano, e, também, de procurar seus fundamentos na Bíblia, achei conveniente, a partir de minha experiência pessoal em minha família, desenvolver uma das dimensões da misericórdia: a do amor de mãe. Pelo fato de ser brasileiro e comungar da eclesiologia de participação, comunhão e libertação, e a partir de meus estudos bíblicos e da hermenêutica da leitura orante popular da Palavra de Deus, deixei que meus dedos digitassem um subsídio sobre outra essencial dimensão da misericórdia, a libertação, que inclui a justiça social e a opção pelos pobres.

Cristão que sou, por pura bondade de Deus, e no esforço diário de ser discípulo-missionário de Jesus, em minha vocação e missão de Religioso Irmão de La Salle[1] – outra graça do Senhor –, e marcado pelos estudos sobre Jesus histórico, evidenciado pela Teologia da Libertação, era indispensável para mim escrever um resumo sobre Jesus Cristo. Afinal, ele é o rosto encarnado da misericórdia, que nasceu pobre, viveu como pobre e entre os pobres, e ensinou a partir dos pobres. Ele passou fazendo o bem, curando os enfermos, ressuscitando os mortos, combatendo a injustiça e, por meio de gestos e palavras, oração e vida fraterna, dedicação plena ao Pai e a seus irmãos, ensinou-nos a amar a Deus sobre todas as coisas e a amar-nos uns aos outros como ele nos amou.

---

[1] Instituto dos Irmãos das Escolas Cristãs, mais conhecido como Irmãos de La Salle ou Irmãos Lassalistas, foi fundado em 1680, em Reims, França, por São João Batista de La Salle, padroeiro dos professores.

Devido à minha cultura familiar, por ser brasileiro e pertencer a uma congregação religiosa de devoção mariana (Maria é invocada como Nossa Senhora da Estrela, Rainha e Mãe das Escolas Cristãs),[2] escrevi algumas páginas sobre Maria, Mãe de Misericórdia.[3] Em seguida, impulsionado por minha devoção pessoal a São Paulo, pois, desde jovem, sou catequista e ministro da Palavra de Deus, elaborei algumas anotações sobre o apóstolo Paulo e a misericórdia.

Depois de alinhavar algumas reflexões sobre uma das características da eclesiologia contemporânea, evidenciada por São João Paulo II e, especialmente, pelo Papa Francisco, reflito um pouco sobre a Igreja misericordiosa e em saída missionária. Segundo a tradição da Igreja, com base nas Sagradas Escrituras e nos primeiros bispos teólogos de grande destaque nos primeiros séculos do Cristianismo, escrevo sobre cada uma das catorze obras de misericórdia (sete corporais ou materiais e sete espirituais). No final, apresento um denso resumo da encíclica *Dives in Misericordia* (Papa João Paulo II) e da bula *Misericordiae Vultus* (Papa Francisco), encerrando com a Oração do Ano Santo da Misericórdia (Papa Francisco).

Agradeço a Deus por mais este livro. E peço a Deus bênçãos para você, que vai lê-lo.

---

[2] O Santuário Internacional de Nossa Senhora da Estrela encontra-se no mosteiro da cidade de Montebourg, França, onde os Irmãos de La Salle coordenam uma escola agrícola. O mosteiro remonta aos começos do século XI e foi passado aos Irmãos em 1938. Disponível em: <https://fr.wikipedia.org/wiki/Abbaye_de_Montebourg>. Também: <http://www.lasalle.org.br/upload/portal/publicacoes/Nossa_senhora_da_estrela.pdf>.

[3] Ver Capítulo 6 – Maria, Mãe de Misericórdia.

CAPÍTULO 1

A REVELAÇÃO DA MISERICÓRDIA DE DEUS

Ao iniciar a redação destas reflexões, o que também é, para mim, uma oportunidade de estudo e meditação, abri as Sagradas Escrituras, uma das fontes principais de minha fé, da nossa fé. Recordei-me, com saudade e gratidão, de meu tempo de estudante universitário em Roma, faz muitos anos, ou seja, durante o Concílio Vaticano II. Vi diante de mim dois de meus professores de Bíblia. Em um instante encontrei-me no imenso universo do mundo da Bíblia, que tanto me fascinou e me fascina. Fechei os olhos, disciplinei minha imaginação... Lembrei-me de que as raízes cristãs estão no mundo semita, especificamente no mundo judeu, pois Jesus Cristo, o Filho de Deus, se encarnou, por meio de Maria, na cultura judaica, já na sua época sob forte dominação do Império Romano. Mas recordei, também, que os discípulos de Jesus logo se espalharam pelo mundo greco-romano, de modo que também dessa cultura herdamos, como cristãos, um grande patrimônio.

Achei conveniente resgatar alguns termos-chave para começar a refletir sobre misericórdia. Para isso, o que aprendi de latim, grego e hebraico, mesmo sem muito uso ao longo da minha missão, iria me ajudar. Espontaneamente redigi esta primeira abordagem do tema em três pontos interdependentes.

Olhando do lado de Deus

Nas Sagradas Escrituras há, por exemplo, duas palavras hebraicas, uma grega e uma latina que comunicam de modo muito rico o significado de misericórdia. É de grande importância, e isso senti vivamente enquanto escrevia, tentar perceber o que o Povo de Deus desejava expressar a respeito da misericórdia, uma experiência humana profunda e tão especial, lida a partir do mundo transcendente, espiritual, divino, mas que, com esse enriquecimento religioso, tem plena incidência no aqui de nossa vida e da história.

O primeiro termo hebraico sobre o qual me debrucei é *hésèd*, que tem como correspondente em grego o termo *eléos*. O segundo é *rah'mim*, que já usei em um de meus livros, o de Natal.[1] O terceiro termo é do latim, *misericordia*.

Primeiramente, coloquei-me sob a ação da divina *Ruach* (o Espírito Santo) para que tudo o que eu viesse a escrever fosse única e exclusivamente para a glória de Deus e o bem de quem tivesse acesso a este subsídio.

a) *Heséd* é um termo polissêmico, isto é, tem vários significados. Todos eles, porém, estão relacionados com fidelidade e amor, os mais recorrentes. Eis alguns exemplos: ternura, carinho, bondade, benevolência, indulgência, graça. Está associado à amizade, à vida, à materni-

---

[1] Cf. NERY, Irmão. *Natal*. Teologia, tradição e símbolos. Aparecida: Santuário, 2004. p. 31.

dade, a laços de parentesco, de afinidade. E, também, ao sentimento da compaixão, com forte carga da necessidade de aproximar-se, ir ao encontro de quem precisa para ajudá-lo, isto é, ter misericórdia. Uma outra associação que o termo *heséd* tem se refere a seu uso em relação a Deus, isto é, verdade e solidez (*emmet*, que normalmente é traduzido por "amém") e justiça (*mishpat*). Para o povo eleito, o amor de Deus está inseparavelmente vinculado à justiça.

O termo grego mais próximo do sentido de *heséd* é *eléos*, que, portanto, foi usado na tradução da Bíblia para o grego e, também, nos textos bíblicos escritos em grego. *Eléos*, porém, expressa o sentimento interior, profundo, visceral de amor, de perdão e pedido de perdão. Há resquícios desse termo na liturgia cristã quando rezamos em grego "*Kyrie eleison*" – Senhor, tem piedade de nós".

b) Por sua vez, *rah'mim* (substantivo do verbo *rhmtem*) é um termo mais diretamente carnal, corporal e localizado, usado especificamente para falar de útero, seio, ventre, víscera. Nesse sentido, ele traz um enriquecimento decisivo aos diversos sentidos de *heséd*. Ao usar *rah'mim* para expressar a misericórdia de Deus, o povo associava o amor de Deus diretamente às entranhas femininas, onde a vida é gerada e trabalhada, portanto, revela a dimensão maternal de Deus para com a sua criatura, especialmente a que mais sofre e mais precisa de atenção. E isso acontece, em grande parte, porque o idioma hebraico é de forte concretude e, para expressar ideias e sentimentos, recorre muito à corporeidade, às relações humanas, às várias dimensões da natureza, ao que acontece na experiência da vida. *Rah'mim* é usado para expressar "sentimentos de amor, compaixão, piedade, pena", conforme comenta Carminha de Castilho Vicente:

> A expressão *rah'mim* é sintetizadora de sentimentos de compaixão, misericórdia pela força criadora de afirmar a vida em meio a situações de morte. A palavra parece associada a questões profundas de ameaça à vida dentro das relações sociais. *Rah'mim* significa assim um amor profundo e entranhado da mãe para com seu filhinho.[2]

c) *Misericordia: miserere, miser, misereor.* A palavra misericórdia vem do latim e é composta por três outros termos: *miser, cord, ia.* O verbo *miserere* significa ser pobre, infeliz, desgraçado, miserável, mas também ter pena, piedade, compaixão, compadecer. O segundo termo é *cor* – *cordis*, significa coração. Por sua vez, *ia*, final do termo *misericordia*, deriva do verbo *ire*, significa ir em direção a, caminhar em direção a, logo, movimento de andar, ação.

A composição da palavra misericórdia facilita, portanto, a compreensão do seu significado. Assim, *miser* aponta para a situação psicoespiritual de alguém que tem espaço e sensibilidade no coração para perceber a realidade sofrida de uma pessoa ou grupo, assim como de um ser vivo que está sofrendo. É o que se expressa com a palavra "compaixão", que, por sua vez, une dois termos latinos: *cum* (com) *patire* (sofrer), ou seja, sofrer com o outro, isto é, entrar na pele do outro e assumir o que ele vivencia de sofrimento. O que vem reforçado pelo sufixo *ia* (ação de mover-se para). A junção desses três termos resulta do

---

[2] Disponível em: <http://carminhacvicente.blogspot.com.br/2012/12/a-misericordia-no-hebraico-palavra.html>.

termo "misericórdia", com o significado, portanto, de ter o coração cheio de compaixão, de um amor de aproximação, compreensão, comunhão, consolo, ajuda, socorro, libertação, e, ao mesmo tempo, sentir o impulso para ir em socorro, aproximar-se para dar apoio, consolo, ajudar a encontrar alívio, solução para a situação de sofrimento.

Há uma passagem no Evangelho segundo Marcos, no capítulo 8, que ilustra o que acabamos de explicar. É a da multiplicação de alguns pães e peixes, realizada por Jesus. Na versão latina do texto grego, feita por São Jerônimo no século IV d.C., está a expressão usada por Jesus ao perceber que a multidão estava com fome: "Misereor super turbam" (Mc 8,2), isto é, "Tenho compaixão dessa multidão!". Jesus, além de perceber o sofrimento do povo, se deixa sensibilizar por aquela situação, assume e comunga o que as pessoas estão sentindo (coração cheio de compaixão) e decide agir para libertá-las daquilo que, naquele momento, as atormenta: a fome. Outra passagem é, sem dúvida, a narrativa do evangelista Lucas acerca da viagem feita pelos discípulos de Emaús (Lc 24,13-35).

Em linguagem da Ação Católica e do jeito ou método usado pela teologia na América Latina, a misericórdia inclui: "ver" a realidade com coração de pobre, isto é, capaz de sentir e assumir a dor do outro; "iluminar" aquela realidade com a ética, os Direitos Humanos e a vontade de Deus; e "agir", isto é, a ação libertadora.

Olhando do lado humano

Mas se o que foi anteriormente colocado se refere a Deus, obviamente surge a questão: e o nosso lado, isto é, nós como seres humanos? O que a misericórdia tem a ver conosco? Em parte, a resposta também está na cena da multiplicação dos pães, isto é, a fome daquela multidão que estava fascinada por Jesus, mas que nem por isso deixou de ter fome. Jesus percebeu a situação, ficou com pena, compaixão do povo, e agiu para atender aquela necessidade tão natural no ser vivo, tão dolorosa para qualquer pessoa. A misericórdia precisa de uma situação que a provoque.

Recordando meus estudos e procurando informações, escolhi quatro termos hebraicos, que se referem a nós, humanos, na dinâmica da misericórdia de Deus, isto é, do que em nós leva o nosso Deus-Amor a sentir piedade, pena, compaixão, misericórdia de nós. São eles: *hatta´t*, *pesha*, *anawin* e *bêrit*.

a) O primeiro termo, *hatta´t*, significa "pecado". Expressa a nossa situação humana de pecadores, de transgressores do pacto de amor de Deus conosco, não aceitação de sua doação generosa a nós, corte, ruptura com ele. Expressa também nossa tendência ao autoendeusamento e à adoração de diversos "deuses", quando sabemos que há um só e único Deus, e que não admite ídolos, como tantas vezes é dito nas Sagradas Escrituras. O texto bíblico mostra como a situação de pecado fala muito alto ao Povo de Deus. Esse termo, *hatta´t*, aparece umas seiscentas vezes ao longo da Bíblia.

Na cultura grega, judeus e cristãos encontraram o termo *amartía*, com o significado de falha, erro, desvio, mas também de algo incompleto, inacabado, truncado e, também, de interrupção, no sentido de não chegar ao termo, à meta, ao objetivo. A Bíblia revela que uma das características próprias da humanidade é a sua situação de pecado, como diz o Sl 51(50),5: "Eis que nasci na iniquidade e pecador minha mãe me concebeu". É exatamente a essa humanidade pecadora que se dirige o coração misericordioso de Deus, que, cheio de compaixão, vem em socorro, gratuitamente, por amor, para oferecer ao pecador não apenas seu perdão, libertação do pecado, mas, sobretudo, sua reconciliação, possibilitando-lhe a salvação. Mais adiante voltaremos ao tema.

b) O segundo termo hebraico para pecado, também recorrente na Bíblia, é *pesha*. É utilizado no Antigo Testamento para expressar as causas da injustiça social. Para melhor entender essa afirmação, recorro à II Conferência do Episcopado Latino-americano (na cidade de Medellín, Colômbia, em agosto de 1968) e ao surgimento da Teologia da Libertação (1970). Esses dois acontecimentos, na América Latina, possibilitaram, de um modo mais claro, articulado e também com veemência profética, denunciar situações de injustiça social, causada, sim, pelo pecado, mas especificamente pela maneira pecaminosa de se organizar e praticar a política, a legislação social, a economia, as relações sociais, a cultura, o entretenimento, a diversão e a própria religião. Esse tipo de pecado recebeu a denominação de pecado social, pecado político e pecado estrutural.

O curioso é que isso já se encontrava nos profetas do Antigo Testamento e nem sempre, ao longo da história da Igreja, esse tipo de pecado recebeu suficiente consideração. Um exemplo que ilustra bem a questão é a do profeta Amós, pastor de Técua e cultivador de sicômoros. Ele viveu por volta de 750 a.C. Seu nome deriva de Amosiá (Deus carrega, Deus leva). Sua profecia constitui uma das expressões mais diretas de *pesha*, isto é, do pecado social. Ele investe com vigor, coragem e ousadia contra os crimes políticos derivados de pactos escusos, totalmente contrários à Aliança de Deus e às leis de Moisés.

Junto com o desprezo da Lei de Deus, as autoridades políticas e religiosas tinham e impunham práticas abomináveis perante os olhos de Deus, como as deportações, a violência contra os pobres, os frágeis, as mulheres, os idosos, as crianças e os estrangeiros. E ele denuncia também as orgias e o roubo das oferendas que o povo levava para Deus. Por causa do pecado e da crueldade das autoridades para com os sofredores e, também, por causa da imposição da idolatria, o povo se tornava impuro e sujo para Deus, infiel a Deus. Amós, em seu discurso profético, usa uma linguagem dura, ferina, cortante, convocando, com veemência, à conversão.

c) O terceiro termo sobre a nossa situação humana que provoca em Deus pena e compaixão é *anawin*. É usado na Bíblia, no plural, para falar dos pobres, no sentido de pequenos, humildes, necessitados, frágeis e explorados. Como são desprovidos de bens materiais, portanto dependentes dos que possuem bens, os pobres carregam consigo o sentimento, a dor, a humilhação de discriminados, fragilizados, alvo de exploração, de escravidão. E muitas vezes têm de aguentar esta cruel realidade para conseguir sobreviver.

As Sagradas Escrituras frisam um dado importante: os *anawin* (plural) são, todos, dotados do dom da fé, por isso depositam sua confiança e sua esperança em Deus, pois têm dele um conceito existencial de bondade, ternura, acolhida, perdão, amor e misericórdia. Segundo os hagiógrafos, o esvaziamento dos bens materiais deixa espaço nas pessoas pobres para a acolhida do Deus-Amor e, ao mesmo tempo, lhes dá a sensação de segurança. Confiantes, se entregam, como uma criança frágil, nos braços de Deus. É nessa situação real dos *anawin* que radica, de modo especial, a opção de Deus pelo pobre, pela viúva e pelo estrangeiro, por todos os que sofrem, assunto esse constante na Bíblia, que se refere ao Deus misericordioso.

O fundamento bíblico da misericórdia

Mas há um termo, cujo conteúdo histórico e teológico está na base da misericórdia, que envolve Deus e o ser humano. É *Berit*, que significa "aliança". Ora, a aliança de Deus com a humanidade é essencial para se compreender a história da salvação e a noção que o povo de Israel tem de Deus e da relação que, como Deus, tem com cada ser humano e cada criatura. É uma relação paternal, maternal e misericordiosa. Isso significa que é impossível compreender a história do povo de Israel sem a chave da aliança (*Berit*).

Das várias alianças de Deus com a humanidade, escolho aqui a que ele estabeleceu com Abrão e, através dele, com a humanidade inteira. O patriarca ainda não havia recebido de Deus a troca do nome – Abrão para Abraão –, o que vai acontecer depois, no capítulo 17 do Gênesis, quando Deus renovará a aliança com Abrão e como sinal trocará seu nome para Abraão, que significa *pai de uma multidão*.

O quadro da celebração da aliança é descrito ricamente no capítulo 15 do Gênesis. Utiliza elementos da cultura e dos costumes políticos e religiosos da época que não são apenas extremamente significativos sobre o tipo de aliança assinada no sangue e no fogo, mas profeticamente anunciadores da nova e eterna aliança, que será firmada, posteriormente, no sangue de Jesus e no fogo de Pentecostes. Eis, resumidamente, a cena.

Inspirado por Deus, Abrão fincou dois postes, deixando entre eles um vão para que duas pessoas pudessem passar. Matou aves e animais, dividiu-os em duas partes e dependurou as carnes, ainda sagrando, em cada um dos postes. Assim como, na cultura dos povos de então, reis e generais, após o término da guerra, celebravam um pacto de paz e amizade na base do sangue, Abrão, a pedido de Deus, achou que devia fazer o mesmo. Os chefes dos dois povos que estiveram em guerra se colocavam frente a frente, tendo adiante a passagem por entre os postes com carnes ensanguentadas. Aproximavam-se. Cada um molhava a mão no sangue e a colocava na fronte do outro, e diziam: "Fazemos aliança com vocês. Se rompermos esta aliança, podem nos esquartejar como a estes animais! Nossa aliança é na base do sangue!". Abrão, portanto, se colocou de pé no seu lado, esperando a vinda de Deus. Como nada acontecia, os abutres avançavam sobre as carnes. Abrão passou horas e horas batalhando contra os abutres para protegê-las. Cansado, caiu de joelhos e desmaiou. Quando voltou a si, viu, atônito, que as carnes ainda estavam lá, intactas. Mas, de repente,

uma fogueira fumegante e uma tocha de fogo passaram entre os animais divididos. Neste dia, Javé firmou uma aliança (*Berit*) com Abrão (Gn 15,17-18a).

A aliança firmada por Deus com Abrão, tendo como símbolo o pacto de sangue e de fogo (Gn 15,1-21), vai ser completada, tempos depois, na aliança realizada por Deus com seu povo escolhido por meio de Moisés no monte Sinai (Gn 19–20). Agora o símbolo são as tábuas dos Dez Mandamentos. Séculos mais tarde, essa aliança (*Berit*) chega à sua plenitude na "nova aliança" (Lc 22,20) de Deus com a humanidade, por meio do sangue de Jesus. Os símbolos são dois: o vinho e a cruz.

Com esse gesto Jesus explicita, de um outro modo, que é a expressão máxima do amor misericordioso de Deus para conosco, a aliança definitiva de um Deus apaixonado por nós. Deus, em sua loucura de amor, não poupou sequer seu próprio Filho encarnado, que veio para nos ensinar como viver a filiação divina, a fraternidade humana e cósmica, sintetizada nos dois mandamentos máximos: "Amar a Deus sobre todas as coisas e ao próximo como a si mesmo" (cf. Mt 22,37.39), sendo que a segunda parte foi aperfeiçoada por Jesus: "Amem-se uns aos outros como eu amei vocês" (cf. Jo 13,34-35; 15,12-13).

CAPÍTULO 2

A DIMENSÃO MATERNAL DA MISERICÓRDIA

Herança de família

Para esta segunda reflexão, a partir do que vivi, especialmente na minha infância, e do conteúdo do capítulo anterior, direcionei minha meditação para a dimensão material do amor de Deus. Permito-me falar um pouquinho de minha abençoada família de vinte filhos, dez meninas e dez meninos. Bendito seja Deus por minha mãe, Maria Inês Nery, ter vivido de modo tão radical sua vocação e missão de mãe. Faleceu aos 62 anos, de câncer de pulmão, assistida durante vários anos por um precioso anjo da guarda dela e de toda a família, a filha Auxiliadora Nery. Esta mesma minha "mana" cuidou, como excelente boa samaritana, de nosso pai, José Francisco Nery Filho, que faleceu muito tempo depois de mamãe, também de câncer, aos 84 anos. Louvado seja Deus por meu querido pai. Meditando sobre mamãe, papai e minha "mana", passei a ver em cada um deles um retrato de Deus-Amor, do Deus-misericórdia, devido ao exemplo e testemunho de entrega e doação até as raias do heroísmo.

Detenho-me um pouquinho em minha mãe. Nela, de modo muito especial, a dimensão essencial e visceral da imagem do amor-misericórdia de Deus: a realidade maternal. Na verdade, foram inúmeras as vezes em que ela teve de acordar durante a noite, com o coração sobressaltado, com todas as suas antenas ligadas e o dinamismo poderoso de sua maternidade funcionando a mil, porque um ou mais dos filhinhos chorava, clamando por ela, numa linguagem que somente ela entendia. O certo é que, desde que começou a ter filhos, mamãe nunca mais conseguiu dormir bem, porque todo o seu ser estava por conta dos filhos. Graças a Deus, seus seios eram generosos em leite, sua capacidade de atenção e ajuda era impressionante, seu colo apaziguava todas as carências e dores, e seus dons para identificar as necessidades de cada filho eram muitos. Prática em tudo o que fazia, ela colocava os filhos mais velhos para cuidarem dos mais novos, exercício que se transformou numa excelente escola de cuidado, responsabilidade e estreitamento do vínculo fraterno entre todos.

Bem mais tarde, quando, entre os muitos privilégios que tive, fui estudar em Roma, na Universidade Lateranense (1961-1964), ainda jovem religioso de La Salle, com vinte anos de idade, causaram-me profundo impacto as aulas do professor de Bíblia, o famoso franciscano francês Paul-Évode Beaucamp, que havia sofrido por quatro anos num campo de concentração nazista na Alemanha. Fiquei fascinado por seu conhecimento enciclopédico, e mais ainda por sua paixão pela Palavra de Deus registrada nas Sagradas Escrituras. Marcou-me para sempre a unção com que ele nos explicou, por exemplo, o livro do Deuteronômio, e mais ainda, atingiu-me em cheio o coração a maravilha do "Sh´ma Israel. *Adonai elohenu adonai echad*", que, por causa do privilégio de ter recebido de meus pais o nome *Israel José Nery*, assumi, na hora, como uma Palavra de Deus dirigida diretamente a mim. E naquela semana de estudos tomou conta do meu ser tão maravilhoso texto:

> Escuta, Israel! Javé é nosso Deus. Ele é um. Portanto, ame a Javé, seu Deus, com todo o coração, com toda a alma, com todas as forças. Que estas palavras, que hoje lhe ordeno, estejam em seu coração. Você as inculcará em seus filhos, delas falará sentado em casa ou andando pelo caminho, deitado ou de pé. Você também as amarrará na mão como sinal e elas estarão também como faixa entre seus olhos. Você as escreverá nos batentes de sua casa e nas portas de sua cidade (Dt 6,4-9).

Formação

Marcado, desde que nasci, pelo dom da ternura, meus estudos bíblicos me deixavam ainda mais sensível e sensibilizado. Quando, depois, aconteceu o estudo do profeta Isaías, me empolguei demais com a ousadia e a contundência do profeta, sobretudo com alguns de seus temas, como a justiça social, a purificação da religião de Moisés e o anúncio messiânico. Mas marcante para minha jovem vida de religioso, distante da família, foi a poderosa frase em Is 49. No mesmo instante, meu coração e minha mente voaram para o colo de minha mãe e ao regaço maternal de Deus, que, por pura bondade, me havia chamado para ser a ele consagrado com

um amor de consagração e que, dia a dia, impulsionado por meus estudos teológicos, especialmente bíblicos,
me tomava por inteiro. Não cessava de agradecer a graça
de estar me apaixonando pela Palavra de Deus, sendo fecundado pelo amor do Senhor para a minha missão de
religioso Irmão de La Salle. Eis a frase que me impactou
decisivamente:

> Será que uma mãe pode esquecer do seu bebê que ainda
> mama e não ter compaixão do filho que gerou? Embora ela
> possa se esquecer, eu não me esquecerei de você! Veja, eu
> gravei você nas palmas das minhas mãos (Is 49,15-16).

Obviamente, eu não cabia em mim de contentamento a cada dia que ia me aprofundando no estudo orante das Sagradas Escrituras, tendo como professor para o
Antigo Testamento, como já afirmei, Paul-Évode Beaucamp, e outro, na época importante biblista, o beneditino
Dom Franz Gerritzen, para o Novo Testamento. Aliás, ele,
depois, foi meu orientador na fase de elaboração da minha dissertação de conclusão da Faculdade de Teologia e
Ciências da Religião Jesus Magister, na Lateranense, com
o tema "Três palavras de Jesus sobre o Espírito Santo, nos
Evangelhos sinóticos". E tudo isso vivendo, ao mesmo tempo e intensamente, a realização do Concílio Vaticano II,
pois eu estava morando em Roma exatamente naquele
momento histórico.

Enquanto escrevo estas linhas, meu coração bendiz
o Senhor e ora por meus pais e por meus professores, que
tanto bem me fizeram, ao mesmo tempo que tem a certeza de que, junto de Deus, eles intercedem por todos os

que Deus colocou em seus caminhos ao longo da vida e missão deles. Mas, retomando o fio da meada, estou convencido de que, efetivamente, o amor maternal, e eu o vivi profundamente, é uma das imagens sensíveis, tangíveis, que quase toda a humanidade experimentou e experimenta. Lamentavelmente, existem pessoas que não tiveram essa experiência do amor maternal, o que, aliás, costuma deixar marcas traumáticas de grandes e graves consequências para toda a vida e, muitas vezes, para a sociedade.

Compaixão e misericórdia

De fato, segundo a Bíblia, essa experiência humana normal, a compaixão (*cum patire* = sentir com) da mãe pelo filho, é, sem dúvida, um dos sentimentos mais afetuosos, nobres e realizadores do ser humano. E o escritor sagrado, escrevendo à luz da fé, dá o salto qualitativo. A partir dessa realidade tão fantástica do amor de misericórdia da mãe, ele fala do amor de Deus, o Deus-misericórdia, e diz que o sentimento de ternura e compaixão do Deus único e verdadeiro para conosco, para cada um de nós e pelo povo, é infinitamente mais forte que o maravilhoso amor da mãe.

Não é possível, pois, falar de misericórdia sem falar de compaixão, porque é a capacidade efetiva de entrar na pele de quem sofre, portanto, sofrer com ele (compaixão), e que mobiliza as energias todas para a ação de atenção e de socorro. O coração cheio de compaixão dinamiza todos os sentidos e forças para agir em favor da libertação de quem precisa de ajuda. Como que por encanto, tanto no homem como na mulher a compaixão vem acompanhada de ternura, pois, sem que ninguém nos ensinasse sobre isso, percebemos por intuição que o outro que está fragilizado precisa de colo, atenção, carinho, cuidado. Ora, o povo de Israel não encontrou melhor vocábulo, como já vimos antes, que *rahmim*, útero, ventre ou seio, para expressar este sentimento que atinge o mais profundo do ser humano e o mobiliza a fazer tudo para salvar a vida que está sofrendo, que está em perigo.

Nesse sentido, o verbo hebraico *rahʾhám* recebe frequentemente a tradução de "mostrar misericórdia", "ter pena", "ter compaixão". No livro do Êxodo (33,19), por exemplo, aparece o uso do termo útero, *"rahamim"*, para expressar a compaixão maternal de Deus. A tradução portuguesa, porém, adapta o termo: "Serei generoso com quem eu quiser e terei compaixão com quem eu quiser ter compaixão" (na verdade, seria "carregarei no meu útero a quem eu quiser carregar em meu útero"). O mesmo acontece em Jr 33,26: "Mudarei a sorte deles e deles terei compaixão", isto é, terei compaixão de mãe, cheio de uma ternura visceral.

Misericórdia: DNA de Deus

Retorno, uma vez mais, ao texto de Is 49,15, sobre a comparação que Isaías faz do amor misericordioso de Deus com o amor de mãe. Vejo e sinto neste trecho bíblico uma poderosa palavra de Deus sobre o significado mais lídimo de misericórdia. É, na verdade, um dos textos onde o significado de "amor maternal, visceral, uteral" é dos mais veementes: "Será que uma mãe pode esquecer do seu bebê que ainda mama e não ter compaixão (*rah-hám*) do filho que gerou? Embora ela possa se esquecer dele, eu não me esquecerei de você!". Que intensidade do amor misericordioso de Deus para com seu povo. E a comparação é realmente contundente e emocionante.

Afinal, está no DNA da mãe gerar, cuidar, amamentar, ninar, beijar, acarinhar seu bebê, porque seu instinto sabe que ele é frágil, indefeso, carente, necessitado, e que, além de seu leite, a mãe precisa dar-lhe atenção, afeto, o som de sua voz, expressando amor. Para Isaías não há outra imagem mais eloquente para expressar o amor infinito de Deus, amor maternal de ternura indizível de um Deus que é infinita misericórdia. A misericórdia maternal é parte do DNA de Deus, o Deus verdadeiro e único, segundo o Antigo Testamento, em tradução mais correta, *primeira aliança*.

Pode até ser que alguém, ao ler este meu modo de considerar a misericórdia de Deus, possa considerá-lo piegas, sentimental, devocional, infantil. Ocorre, porém, que apenas explicito, assim penso, o que se encontra nas Sagradas Escrituras, e ao fazê-lo bendigo a Deus por tais sentimentos humanos que me habitam, e habitam muita gente, neste mundo tão voraz, massacrante, esvaziador, superficial, líquido, em que estamos mergulhados. Faz muito bem, assim sinto e penso, deixar aflorar essa faceta do amor misericordioso de Deus, pois, se ele próprio assim o revelou nas páginas da Bíblia, é porque tem uma mensagem salvadora e libertadora muito forte também para nós hoje, isto é, que devemos humanizar-nos e humanizar as relações humanas e salvar a riqueza incomensurável do amor maternal, cada vez menos valorizado, no meio da violenta crise que toma conta das famílias hoje.

CAPÍTULO 3

A DIMENSÃO LIBERTADORA DA MISERICÓRDIA

Ditadura

Sendo latino-americano, assumi o jeito de ser cristão e de ser Igreja aqui. Vivi momentos muito duros com a ditadura militar e também com alguns membros da hierarquia. Minha formação e minha sensibilidade, graças a Deus, não me alienaram da realidade sofrida do nosso povo sofrido. Estou convencido de que não há como falar de misericórdia segundo a Bíblia sem a sua vertente libertadora, social, econômica, política, cultural e religiosa. Na verdade, sem essa vertente a misericórdia não tem condições de existir, portanto, falar de Deus-misericórdia seria uma falácia, uma enganação. Acontece que a realidade do amor de libertação do Deus-misericórdia perpassa a Bíblia inteira. Escolhi algumas amostras ou passagens mais fortes que marcaram decisivamente a história do Povo de Deus e tiveram um impacto muito forte em minha vida e missão.

Este assunto me leva aos idos de 1969 até 1972, no Colégio Instituto Abel, em Niterói, Rio de Janeiro. Eu me recordo, emocionado, de um dos momentos especiais de minha vida, quando estive prestes a ser preso pelo regime de repressão, em 1969. Em uma de minhas palestras aos pais das crianças que se preparavam para a Primeira Eucaristia, comparei o heroísmo de Che Guevara, que dera sua vida por uma causa, com a nossa covardia de cristãos, que pouco ou nada fazemos de heroísmo por Jesus Cristo, o Filho de Deus, e sua causa libertadora, segundo a vontade do seu Pai.

A situação se tornou muito complicada para mim e para a direção do colégio, na época sob o comando do Irmão Antônio Puhl, a quem devo eterna gratidão, e também para a Associação de Pais e Mestres de Alunos. Por sorte, no dia seguinte, um dos pais de alunos presentes na palestra da noite anterior, que era major e se retirara para exigir minha retratação, estava na portaria do colégio com guardas para me levar preso, mas foi persuadido a declinar de seu propósito. A muito custo ele aceitou, mas, evidentemente, mediante normas restritivas quanto ao meu modo de falar e, sobretudo, quanto a saídas minhas do recinto do Instituto Abel.[1]

Ocorre que eu não estive no Brasil boa parte do segundo semestre de 1968, pois meus superiores me haviam enviado a Roma para uma sessão prolongada no Centro

---

[1] O nome Instituto Abel (Colégio La Salle Abel) é derivado da Sigla ABEL (Associação Brasileira de Educadores Lassalistas), nome civil, no Brasil, do Instituto dos Irmãos das Escolas Cristãs (La Salle), que é uma instituição internacional surgida em Reims, França, em 1680, por iniciativa do Celeste Patrono dos Professores, São João Batista de La Salle. Desde 1935, sua sede mundial está em Roma.

Internacional Lassalista (CIL). Foi, aliás, uma sessão histórica, marcada pela experiência da "não diretividade", isto é, tudo foi entregue ao grupo (mais de cinquenta Religiosos Irmãos Lassalistas) e cabia a nós aproveitar bem o tempo e a oportunidade... E eu havia viajado para Roma com dois sentimentos bem contraditórios: primeiro, estava levando comigo a expectativa de rever o lugar onde eu havia estudado por quatro anos, tendo voltado para o Brasil no segundo semestre de 1964; depois, havia a crise violenta que minha Província Lassalista de São Paulo estava vivenciado, a partir do Capítulo-Geral de 1966-1967, com a inesperada reação do provincial Irmão Agostinho Simão, que, não aceitando os novos rumos do Instituto, que se adequava ao Concílio Vaticano II, revelou que estava em crise de fé e renunciava ao restante de seu mandato como superior provincial. Obviamente, a reação dele contagiou vários Irmãos. Tive a oportunidade de rever os locais onde havia vivido e estudado e também de fazer uma síntese a respeito da referida crise em minha província. Mas não deixei de tentar saber, por vários meios, em Roma, o que efetivamente acontecia no Brasil, já que a liberdade de imprensa era bem limitada.

Mudanças históricas

Ao voltar para Niterói no fim de 1968, fiquei profundamente revoltado contra as arbitrariedades do governo militar e, mais ainda, com o Ato Institucional número 5, que dava início à etapa mais obscura e cruel da ditadura militar. Eu havia voltado da Europa marcado pela onda libertária dos grandes eventos da juventude, tanto em

Paris (Maio de 1968) como em Woodstock (agosto de 1969), impressionado com as canções de protesto e com a onda da liberação dos costumes, liderada por uma parte da juventude revoltada (extravagâncias no vestir e no pentear-se, mudança repentina de costumes, como o sexo livre, a droga e a liberação da juventude feminina). Eu ainda estava tentando digerir tudo aquilo, mais a invasão do comunismo na América Latina, a partir de Cuba, em fins de 1959, e que se espalhava para outros países. Alguns colegas latino-americanos me colocaram por dentro das novas orientações da Igreja e da teologia na América Latina, a partir da II Conferência Continental do Episcopado, na cidade de Medellín, em agosto de 1968, num esforço ousado de aplicação do Concílio Vaticano II em nosso continente. Os bispos usaram, em sua reflexão, algo totalmente novo, a análise da realidade socioeconômica e cultural do nosso povo sofrido. Chegaram-me também uns poucos textos do que viria a ser a Teologia da Libertação.

Além de me comprometer, a partir dali, com a educação libertadora e com a catequese libertadora, comecei a entrar num debate acalorado a favor de uma coleção do Irmão Marista Antônio Cechin, intitulada *Educação Nova* (subsídios para a educação religiosa nas escolas). Eu o admirava por ser um dos mentores da renovação da catequese no Brasil e por saber que ele havia contribuído significativamente na VI Semana Internacional de Catequese, acontecida em Medellín, Colômbia, também em agosto de 1968. Com a proibição da sua coleção de subsídios pelo próprio Ministério da Educação, consequentemente o Irmão Antônio havia sido preso, deixando todos nós muito apreensivos. Graças à intervenção corajosa do Cardeal Dom Vicente Scherer, o Irmão Antônio foi libertado. Recordo-me que, em 1969, eu estava lendo atentamente o *Documento de Medellín*, que clandestinamente chegara às minhas mãos, pois na época tudo era extremamente controlado pela ditadura. A análise da realidade daquele documento estava mexendo profundamente comigo. Tendo todo aquele contexto em ebulição dentro de mim, sentia-me interiormente tomado, assim eu acreditava, pelo zelo devorador de Deus, e algo explodiu durante a palestra aos pais de alunos, colocando-me próximo da boca do monstro...

Conto isso aqui porque, na época, eu estava impressionado com uma das frases do *Documento de Medellín*, cap. 12,1: "Um surdo clamor surge de milhões de homens, pedindo a seus pastores uma liberação que não lhes chega de parte alguma",[2] frase essa respaldada num dos discursos do primeiro papa a visitar a América Latina, o Papa Paulo VI, aos camponeses da Colômbia: "Agora vós nos escutais em silêncio..., mas estamos ouvindo o grito que sobe de vosso sofrimento".[3] Mas também me abrira os olhos a nova interpretação exegética e pastoral da passagem do Êxodo a respeito da sarça ardente, com uma aplicação inusitada a tudo o que acontecia com o povo massacrado pela pobreza e pelo regime ditatorial em vários países da América Latina. Era urgente, contra toda falta de esperança e contra todo medo, conscientizar e

---

[2] CELAM. *A Igreja na atual transformação da América Latina*. Conclusões de Medellín. Petrópolis: Vozes, 1968.

[3] PAULO VI. *Discurso aos camponeses em Mosquera (Colômbia) 23/08/1968*.

mobilizar o povo para a volta da democracia e o compromisso com um Brasil justo, solidário e de paz.

O livro do Êxodo

Era naquela realidade de escravização do Continente da Esperança pela exploração do capitalismo selvagem que o livro do Êxodo recebia novas e revolucionárias interpretações, das quais nasceriam posteriormente algumas chaves hermenêuticas bíblicas, específicas da América Latina e do Caribe. Passo a usar o verbo no presente porque isso ainda acontece agora e deve acontecer sempre. Deus se revela nos acontecimentos históricos, salva na história. Ele, por seu Espírito, inspira a união do povo para lutar contra todo tipo de escravidão e opressão e, também, a favor da dignidade humana, dos direitos humanos. O que aconteceu com o Povo de Deus no tempo do Êxodo não é apenas uma história de libertação no passado, já longínquo, contado, cantado e orado, mas acontece aqui e agora com todos os que sofrem. A consciência do povo clama por libertação, mas sabe que a causa é a organização injusta da sociedade por parte da política, que prioriza os privilegiados sociais e a corrupção e favorece os que, para ficar cada vez mais ricos, exploram os pobres, que vão ficando cada vez mais pobres, de uma pobreza de dependência que leva ao desespero e ao descarte.

O livro do Êxodo revela que a libertação, além de acontecer espiritualmente em relação ao pecado, tem de incidir profundamente nas suas consequências – estruturas sociais, econômicas, culturais e religiosas que esmagam o povo –, isto é, tem de ser uma libertação social, política e econômica. Nessa visão mais completa, o fato religioso já não aparece mais como algo individualista, à parte, nem como ópio que ameniza o sofrimento do povo, nem como recurso milagreiro na espera de que Deus vai intervir para solucionar o sofrimento do povo. Uma visão holística, da totalidade do Projeto Salvífico, dá à narrativa do Êxodo o seu sentido profundo e abrangente, e mobiliza as nossas energias para fazer acontecer uma sociedade segundo o coração de Deus.[4] É essa a vertente política e social da misericórdia divina, que não admite opressão, escravidão, alienação. Isso está evidente na narrativa da sarça ardente, através da qual Deus diz a Moisés:

> Eu estou vendo muito bem a aflição do meu povo no Egito. Ouvi o clamor diante de seus opressores. Tomei conhecimento dos seus sofrimentos. Eis que desci para libertá-lo do poder dos egípcios e fazê-lo subir dessa terra para uma terra fértil e espaçosa, terra onde correm leite e mel [...]. O clamor dos filhos de Israel chegou até mim. Estou vendo a opressão com que os egípcios os oprime. Por isso, vai. Eu estou enviando você ao faraó, para tirar do Egito o meu povo, os filhos de Israel (Ex 3,7-10).

A misericórdia infinita de Deus, pois ele é, por natureza, misericórdia, toma a iniciativa, tendo compaixão do povo escravo, mas vai agir por meio de pessoas concretas. Na pedagogia de Deus, a libertação é tarefa de Moisés e do

---

[4] Era o que o padre Gustavo Gutiérrez ensinava em suas assessorias e em seus artigos. A temática estava sendo trabalhada por ele em sua tese de doutorado em Lyon, França, que foi publicada com o título *Teologia da Libertação*, primeiramente em francês, rapidamente em espanhol e demorando um pouco mais para o português, ainda mais no regime ditatorial em sua fase mais obscurantista e cruel.

povo, sob o impulso da fé, que se traduz em ato pessoal e coletivo por justiça, por solidariedade e pelo dinamismo da busca de um mundo melhor para todos. Nesse gesto libertador, Deus, em linguagem humana, revela que é, em plenitude, a simbiose do amor maternal e do amor paternal.[5] E, ao ser totalmente pai, não é paternalista, pois ele quer que o próprio povo tome as rédeas da nova história que passa a construir, recorrendo à revolta contra a escravidão e o causador da mesma, o faraó, abandonando o Egito, atravessando o mar Vermelho, indo adorar Javé no monte Sinai e marchando rumo à terra prometida.

Libertação aqui, agora

Voltando à situação do Brasil durante a ditadura militar, os heróis, presos, torturados, desaparecidos e mortos, e todos os que conscientemente estavam correndo riscos por não compactuarem com aquele regime de exceção e de opressão e com seus brutais métodos de domínio político, ideológico, econômico e cultural – mesmo que a maioria não tivesse consciência da ação de Deus em suas vidas e na história –, estavam buscando o que o próprio Deus-misericórdia, em seu Plano Salvífico, por Jesus Cristo – crucificado historicamente (e novamente crucificado nos oprimidos, mortos e calados, buscando libertação) –, na força amorosa e revolucionária do Espírito

---

[5] São João Batista de La Salle, padroeiro dos professores, fundador do Instituto dos Irmãos das Escolas Cristãs, da qual sou membro, escreveu esta orientação lapidar para os educadores: "Se tendes para com eles a firmeza de pai para tirá-los e afastá-los do mal, deveis ter-lhes a ternura de mãe para acolhê-los e fazer-lhes o bem que depende de vós" (Meditação 101, sobre São Francisco de Salles). Cf. *Obras completas de La Salle*. Canoas-RS: Ed. Unilasalle, 2012.

Santo, sempre quis e sempre quer e haverá de querer: o ser humano livre, justo, solidário, digno e de paz.

Tudo isso estava impregnando meu ser e meu agir e me impulsionava a buscar mais subsídios para leitura e interpretação da Palavra de Deus e dos grandes temas do Cristianismo. Com especial atenção lia os artigos do Frei Leonardo Boff numa revista da Editora Vozes. Seus textos foram reelaborados e saíram, em 1972, no livro *Jesus Cristo libertador*. Sua leitura e o uso do mesmo em um curso na Casa Abel de Eventos, em Araruama, Rio de Janeiro, além de me ajudar a dar um salto qualitativo para todo o meu estudo de cristologia, realizado em Roma, me levou a estreitar laços de amizade com seu autor, Leonardo, a quem mais e mais admirava. Depois ele me solicitou aulas de Iniciação à Catequese no Instituto de Teologia dos Franciscanos em Petrópolis, Rio de Janeiro.

Comecei a me interessar pela literatura que estava nascendo nos primeiros anos da Teologia da Libertação e, portanto, a mudar, de modo significativo, meu modo de pensar, orar, agir. Algo novo, mais de acordo com a Palavra de Deus e mais inserido no contexto do Brasil, estava acontecendo em nossa Igreja e em mim. Assumi, com a iniciação a Jesus Cristo libertador, os temas da Campanha da Fraternidade (CF), que passaram a fazer parte do plano de pastoral do colégio no qual eu desempenhava a tarefa de coordenador de pastoral. Apenas como amostra, relembro aqui os temas das CFs de 1969 a 1980. Tais temas, além de levarem em conta a proposta de uma Igreja encarnada e libertadora, eram também de reação ao regime ditatorial, como, por exemplo: 1969: "Para o outro o próximo é você"; 1970: "Participar"; 1971: "Reconciliação";

1972: "Descubra a felicidade de servir"; 1973: "Fraternidade e libertação"; 1974: "Onde está o teu irmão?"; 1975: "Fraternidade é repartir"; 1976: "Caminhar juntos"; 1977: "Comece em sua casa"; 1978: "Preserve o que é de todos"; 1980: "Migrações: para onde vais?".

Profetas

No tempo da ditadura militar, os livros proféticos, para mim e para muitos outros que tentavam ler os sinais dos tempos naquele contexto tão terrível, adquiriam outro sabor, outro sentido, quando confrontados com a realidade que estávamos vivendo no Brasil. Mas estou convencido de que isso vale para hoje, pois estamos num mundo e num Brasil conturbados, e valerá para todo o sempre.

Profeta (em hebraico, *Nabi*; em grego, *prophetès*) é, por natureza, em nome de Deus, um afiadíssimo defensor dos pobres, dos explorados, dos injustiçados, firme e corajoso denunciador dos causadores de um mundo opressor e corrupto e, também, insistente anunciador da vontade de Deus, do correto cumprimento de sua Lei. Limito-me aqui, além do que já apresentei sobre o Êxodo, a um rápido comentário sobre Amós e Isaías (o Terceiro Isaías). Nos limites desses subsídios, eles são apenas uma amostra, mas de grande significado e impulso.

a) O profeta Amós se destaca por sua contundência contra a injustiça social. Ele é possivelmente do século II a.C., do tempo de Jeroboão, época de muita prosperidade e enriquecimento para Israel, que, porém, gerou profunda desigualdade social, com um crescente número de pobres e forte exploração, opressão, menosprezo e injustiça de todos os tipos.

Amós via e julgava tudo pelo viés da ética como um dos critérios-chave da relação do ser humano com Deus, com si mesmo e com seus pares. Ele batalhou heroicamente pela justiça social, como consequência da santidade, misericórdia e justiça de Deus. Sua denúncia contra o pecado da injustiça, no qual estão mergulhados os opressores do povo, porque este é tipicamente um pecado que clama aos céus, que chega aos ouvidos de Deus, revolve suas entranhas de misericórdia e aciona a sua justiça, é ferina. Com uma injusta organização política, econômica e social, Israel destruía a alma do povo. Deus, diz o profeta, está horrorizado. Logo no início de seu livro Amós usa uma imagem aterradora para dizer que Deus está indignado e que decidiu julgar os que não o têm como o Deus verdadeiro, o Deus único, e que por isso esmagam o povo: "Javé ruge! Javé faz ouvir sua voz!" (cf. Am 1,2).

Destaquemos as quatro grandes denúncias do pastor de Técua, o profeta Amós:

- Contra o poder judicial corrupto (Am 2,6-12; 5,12): os juízes mentem, recebem subornos e enganam (Am 5,11-12), condenam como culpados os inocentes e vendem os escravos como animais desprezíveis. Amós vocifera: "Vendem o justo por dinheiro e o indigente por um par de sandálias (Am 2,6), [...], embriagam os sacerdotes e tapam a boca dos profetas" (Am 2,12).

- Contra os ricos que exploram e desprezam os pobres. Os ricos se assemelham aos touros e às vacas das montanhas de Basã, gordos e fortes, porque manipulam seus senhores (os políticos), assim como os pobres, que são oprimidos e esmagados para estarem a seu serviço e, assim, poderem viver no luxo e na bebedeira (Am 4,1). Amós condena o absurdo de suas camas de marfim, de seus sofás confortáveis, de suas comilanças e bebedeiras, de seus perfumes caríssimos, enquanto deixam o povo abandonado, faminto, à beira da ruína (Am 6,4-6).

- Contra os que tripudiam com a alimentação do povo. O profeta é terrível na maneira como condena os que se enriquecem com a fome e as demais necessidades dos pobres. Além dos preços injustos, enganam na balança, e vendem refugos (Am 8,4-6).

- Contra a distorção da religião. Para Amós (2,12), a falta de ética e a corrupção política, econômica e social atingem também as lideranças religiosas, que se embriagam pelo poder, se vendem e, ainda, exploram a piedade do povo sofrido. O templo é profanado e há idolatria. Deus, então, tem nojo e horror do culto a ele prestado em meio à injustiça (Am 5,21-27). Para ele, o culto, a religião sem justiça, é hipocrisia, falsidade, mentira.

Mas o profeta é também, por natureza, o anunciador dos caminhos do Senhor. Cabe a ele, em nome de Deus, convocar à conversão. E isso Amós realiza exemplarmente.

Assim diz Javé, o Deus de Israel: "Procurem a mim e vocês viverão!" (Am 5,4) [...] procurem o bem e não o mal e, então, vocês viverão; odeiem o mal e amem o bem, estabeleçam a justiça... Quem sabe, assim, Javé, Deus dos exércitos, terá misericórdia do resto de José (Am 5,14-15).

Eu quero ver brotar o direito como água, e a justiça correr como torrente que não seca! (Am 5,24).

Apesar de toda a resistência de Israel, Deus não desiste de convocá-lo à conversão (Am 4,6-12) e por meio do profeta anuncia a vitória do amor misericordioso de Deus, e a reconstrução do povo, como Deus a sonhou:

Farei votar os exilados do meu povo, Israel. Reconstruirão as cidades desoladas e nelas habitarão. Plantarão vinhedos... formarão pomares... que jamais serão arrancados novamente desta terra, que eu mesmo lhes dei! (Am 9,14-15).

b) O profeta Isaías – especificamente o Terceiro Isaías – isto é, os capítulos 55-56 –, que talvez seja dos começos do tempo do exílio e esteja ligado a um discípulo do Segundo Isaías, que provavelmente atuou em Jerusalém entre 536 e 520, no tempo do profeta Zacarias. Muitos são os temas sociais tocados pelo Terceiro Isaías. Mas, além da denúncia direta dos pecados sociais, ele apresenta soluções concretas, enfeixadas na caridade assistencial ativa de atendimento às necessidades básicas das pessoas (por exemplo, alimento e roupa) e na autenticidade nas práticas religiosas (por exemplo, o jejum e a guarda do sábado).

Selecionamos, a seguir, algumas referências do Terceiro Isaías:

- A justiça e o direito (Is 56,1-2) constituem condição indispensável para que a justiça de Deus e a sua salvação possam acontecer em favor do povo.
- A fé verdadeira não admite discriminação. Isaías chega a ser ousado, dando uma dimensão universal

à religião de Moisés, com a admissão no templo tanto do estrangeiro, do não israelita, como do eunuco (Is 56,1-8), coisa impensável para os judeus, algo proibido, conforme Dt 23,4; Ex 12,43; Ez 44,7-9. Para Isaías, até mesmo a circuncisão (rito de pertença oficial do homem ao povo de Israel e à religião de Moisés) não seria necessária, bastando à pessoa cumprir o sábado e viver a aliança para ser agradável a Deus.

- Cabe aos chefes serem responsáveis pelo povo e pelo bem comum, sendo vigilantes, dinâmicos, dedicados. Não podem ser indolentes, preguiçosos, covardes, exploradores do poder. Isaías compara os falsos políticos a cachorros mudos, por não defenderem o povo do perigo, e a cachorros vorazes, por explorarem, sem dó nem compaixão, em proveito próprio, os súditos e o bem comum, entregando-se a banquetes e bebedeiras (Is 56,9–57,2) e eliminando os homens justos que lutam pelo bem e alertam para a desgraça iminente.

- A verdadeira religião é a justiça, o direito, o socorro ao pobre. O capítulo 58 de Isaías é um dos resumos mais belos e fortes do sentido verdadeiro da religião. De nada valem os ritos, os jejuns, as orações, os sacrifícios, se não se luta tenazmente para se acabar com a opressão, a exploração, as ameaças, as injustiças, as palavras de desdém; se não se pratica a caridade para com o faminto, o pobre, o necessitado. Não existe salvação para quem é falso, mentiroso, caluniador, violento, criminoso. Sua religião é falsa.

Mas é também missão do profeta anunciar a vontade de Deus. Em seu ministério profético, Isaías (final do Segundo Isaías) convida os pecadores à conversão. Ele ensina que Deus terá misericórdia dos "misericordiosos", ou seja, daqueles que deixam o caminho do mal e da injustiça e se convertem ao Senhor:

> Que o mau abandone seu caminho e o homem injusto mude seus projetos. Que volte para Javé, que dele terá compaixão. Que volte para o nosso Deus, porque ele é rico em perdão (Is 55,7).

Isaías sabe que Deus respeita a liberdade humana, sabe também que a Palavra de Deus é fecunda e eficaz, portanto não volta para Deus sem cumprir sua missão (cf. Is 55,11). Mesmo não produzindo, de modo imediato, a conversão, essa santa Palavra, pacientemente, vai trabalhando o amadurecimento da pessoa, na paciente e operosa espera de sua resposta livre e generosa.

Olhando o futuro, Isaías descreve com palavras de entusiasmo e cores vivas os tempos messiânicos, a salvação de Sião, de Jerusalém. Ele se dirige aos pobres (os *anawim*), os discriminados, que não têm vez na comunidade, mas que colocam toda a sua esperança em Deus (Is 62,2). A eles anuncia o ano da graça, isto é, o ano sabático, o jubileu, que vai trazer o perdão das dívidas, a libertação dos escravos e a restauração material e religiosa da comunidade de Javé, formada exatamente pelos *anawim*. Voltando à sua visão universalista, além-fronteiras, Isaías anuncia que Deus reunirá em seu monte santo todos os povos e línguas, como fruto do trabalho missionário, dos escolhidos dele, os *anawim*, para percorrer o mundo todo e realizar a convocação. E acontecerá que os pagãos convertidos, agora transformados em sacerdotes e levitas sem serem de ascendência sacerdotal, guiarão os judeus dispersos, levando-os à cidade santa, como oferenda a Deus. E, mais que isso, em sua visão messiânica, com sua mentalidade aberta, Isaías vislumbra que, na restauração de Sião, todos os membros da comunidade serão denominados *sacerdotes de Javé, ministros do nosso Deus* (Is 61,6).

c) Outros profetas. Outros profetas, como Jeremias, Ezequiel, Zacarias, Miqueias e Joel, também propugnam pela vertente do Deus-misericórdia em favor dos mais pobres, sofredores, oprimidos e excluídos sociais. Não há como ser profeta sem o anúncio do que se tem de fazer para o cumprimento da santa vontade de Deus e sem a denúncia dos que se valem do dinheiro, do poder, do prazer, do saber, para se enriquecer, tripudiando sobre os empobrecidos, pagando salário injusto aos trabalhadores, explorando-os, tratando-os como servos e escravos.

Um exemplo típico é o questionamento de Deus através de Oseias, ao criticar o comportamento superficial, sem consistência de seu povo: "Que te farei, ó Efraim? Que te farei, ó Judá? Porque a vossa benignidade é como a nuvem da manhã e como o orvalho da madrugada, que cedo passa" (Os 6,4). O termo "benignidade" é traduzido também por "obediência", "amor", "misericórdia", e Habacuc afirma que, "mesmo em sua ira, Deus se lembra da misericórdia" (Hab 3,2). Miqueias, por sua vez, expressa um vigoroso ato de fé na misericórdia de Deus ao dizer:

> Quem, ó Deus, é semelhante a ti, que perdoas a iniquidade, e te esqueces da transgressão do restante da tua herança? O Senhor não retém a sua ira para sempre, porque tem prazer na sua misericórdia... (Mq 7,18).

Salmos

A misericórdia perpassa os salmos, as orações do Povo de Deus. Nesses belos hinos e cânticos aparece repetidas vezes a confiança no Deus justo, no Deus paciente, lento para a cólera, pródigo no perdão, o Deus-misericórdia. No Sl 103,12-14, o autor afirma que, "assim como o pai é misericordioso para com os seus filhos, Jeová tem sido misericordioso para com os que o temem. Porque ele mesmo conhece bem a nossa formação, lembra-se de que somos pó". E muitas vezes Deus é louvado por sua misericórdia: "Porque é eterna a sua misericórdia!; eterno é seu amor!" (Sl 118),[6] afirmação que traz a marca da escatologia, isto é, do que existe na eternidade.

Mas este capítulo já está longo o suficiente, apesar de ter tanto ainda para falar da misericórdia no Antigo Testamento. Fico por aqui, desejoso de um dia voltar a escrever sobre tão importante tema. Desejo que, à luz desses subsídios, sugestões que utilizei para meditar sobre a misericórdia de Deus em algumas passagens significativas do Antigo Testamento, eu me coloque sempre em atitude de confiança em Deus e em atitude de plena atenção amorosa ao outro, para perceber o que se passa com ele e sensibilizar-me com a situação que ele está enfrentando e partir para a ação, pois o amor-misericórdia é, por natureza, libertação.

Vem-me, uma vez mais, a imagem da terna compaixão da mãe que se sente impulsionada a acordar durante a noite para atender o filho que chora. Os profetas são

---

[6] Cf. CONSELHO PONTIFÍCIO PARA A PROMOÇÃO DA NOVA EVANGELIZAÇÃO. *Os salmos da misericórdia*. São Paulo: Paulinas/Paulus, 2015.

claros em revelar que Javé não é surdo ao clamor e às súplicas do seu povo e, também, que ele nem dorme nem cochila (Sl 118,3-4). Do mesmo modo, e infinitamente mais do que a mãe que age em favor de seu filho, Deus vivencia a compaixão para conosco, mas, de modo especial, para com os pobres. É comovedor o que se encontra em Dt 15,7-10, em relação ao dever de atender o pobre em suas necessidades, não fechar o coração em relação à sua súplica.

Mas não é suficiente a caridade assistencial, que é, sem dúvida, necessária. Porque Deus não tolera a injustiça e, como diz a linguagem bem humana e concreta dos autores sagrados, age com braço forte, portanto, de maneira decisiva em favor da libertação de seu povo e, de modo particular, em favor de todos os que sofrem. Ele tem seus parâmetros, segundo os quais, e também porque assim o exige a realidade, se fazem necessárias muitas e fundamentais mudanças, tais como: nas leis, nos costumes sociais, nas relações de trabalho, no uso do poder, no próprio modo de cultuar Deus. O critério para toda essa urgente e necessária mudança é a vontade de Deus. Ele quer, para todos os seus filhos, respeito, proteção, provimento das necessidades básicas, justiça, vida digna, sinceridade, autenticidade, amor sem fingimento.

CAPÍTULO 4

E A MISERICÓRDIA VEIO MORAR CONOSCO

Jesus, a imagem viva de Deus-misericórdia

Em sua bula apostólica *Misericordiae Vultus*, de 11 de abril de 2015, pela qual convocou a Igreja para um Ano Jubilar da Misericórdia, de 8 de dezembro de 2015 a 20 de novembro de 2016, o Papa Francisco escreveu essa feliz síntese sobre Jesus Cristo:

Jesus Cristo é o rosto da misericórdia do Pai. O mistério da fé cristã parece encontrar nestas palavras a sua síntese. Tal misericórdia tornou-se viva, visível e atingiu o seu clímax em Jesus de Nazaré. O Pai, rico em misericórdia (Ef 2,4), depois de ter revelado o seu nome a Moisés como "Deus misericordioso e clemente, vagaroso na ira, cheio de bondade e fidelidade" (Ex 34,6), não cessou de dar a conhecer, de vários modos e em muitos momentos da História, a sua natureza divina. Na "plenitude do tempo" (Gl 4,4), quando tudo estava pronto segundo o seu plano de salvação, mandou o seu Filho, nascido da Virgem Maria, para nos revelar, de modo definitivo, o seu amor. Quem o vê, vê o Pai (cf. Jo 14,9). Com a sua palavra, os seus gestos e toda a sua pessoa, Jesus de Nazaré revela a misericórdia de Deus.

A maior prova da compaixão e da misericórdia de Deus para conosco é o seu próprio Filho unigênito, Jesus – nascido de mulher (Gl 4,4), pela ação do Espírito Santo (Lc 1,35; Mt 1,20) –, que o próprio Pai enviou ao mundo, com a missão de nos resgatar do mal e para entregar-nos, gratuitamente, a salvação (cf. 1Jo 4,9-10). Zacarias, ao pegar nos braços o filho João Batista, vocacionado desde o ventre materno para ser o precursor de Jesus, o Messias, expressa a encarnação do Filho de Deus, que está no ventre de Maria, que estava ali, em sua casa, visitando Isabel:

> Graças ao coração misericordioso do nosso Deus, pelo qual nos visita o Sol que nasce do alto, para iluminar os que jazem nas trevas e nas sombras da morte e para guiar nossos passos por um caminho de paz! (Lc 1,78-79).

Zacarias já havia feito referência ao Deus da história de Israel como o Deus "que tratou com misericórdia os nossos pais e se lembrou de sua santa aliança..." (Lc 1,72-73).

Bem mais tarde, uns trinta anos depois da morte de Jesus, o apóstolo Paulo dirá de Jesus: "Ele é a imagem visível do Deus invisível" (Cl 1,15). Por sua vez, o evangelista João, no final do século I, escreverá, no grande hino introdutório de sua narrativa, o quarto Evangelho, que a Palavra de Deus "se fez carne humana e veio habitar entre nós" (armou a sua tenda entre nós) (Jo 1,14). Voltaremos a esse texto um pouco mais à frente. Esse Jesus, feito um de nós, durante sua vida pública, num momento de intensa discussão com um grupo de judeus, no Templo em Jerusalém, ao lhe perguntarem sobre sua identidade – "Até quando irás deixar-nos em dúvida?" –, decidiu revelar seu segredo maior: "Eu e o Pai somos um" (Jo 10,30). É óbvio que Jesus sabia muito bem que eles não tinham condições de aceitar essa extraordinária revelação e que, por tudo o que lhe havia acontecido até ali, uma forte reação poderia acontecer. De fato, a ameaça foi terrível: "Não vamos apedrejar-te por causa de tuas obras, mas por causa de blasfêmia. Tu, que és apenas um homem, te mostras como se fosses Deus" (Jo 10,33). Mesmo ameaçado de morte por apedrejamento, Jesus não desiste de revelar sua identidade, que ficou plasmada na resposta honesta à pergunta que lhe fizeram: "Saibam vocês e se convençam de que o Pai está em mim e eu no Pai!" (Jo 10,38).

Essa dúvida, porém, estava aninhada no coração e na mente de seus próprios apóstolos, aos quais, pacientemente, Jesus, quando estava a sós com eles, tentava entrar em pormenores, explicar o sentido do que ele ensinava ao povo. Em Jo 14, Tomé e Filipe expressam o que todos lhe querem perguntar, mas não sabem como fazê-lo. Tomé resolveu expor a questão e disse: "Senhor, não sabemos para onde vais. Como podemos saber o caminho?". Jesus lhe respondeu:

> Eu sou o caminho, a verdade e a vida. Ninguém chega ao Pai a não ser por mim! Se vocês chegarem a me conhecer, conhecerão também o Pai. Desde agora vocês o estão conhecendo e vendo (Jo 14,5-6).

Filipe não se conteve e logo aparteou: "Senhor, mostra-nos o Pai. Para nós, isso é o suficiente!". Jesus lhe respondeu:

Ora, já faz tanto tempo que estou no meio de vocês e você ainda não me conhece, Filipe? Quem me vê, está vendo o Pai. Como é que você pode me dizer: "Mostra-nos o Pai?" Você não acredita que eu estou no Pai, e o Pai está em mim? [...]. Creiam que eu estou no Pai e o Pai está em mim! (Jo 14,8-11).

Para aprofundarmos essa maravilha, voltemos um pouco ao tema da encarnação do Filho de Deus, associando-o ao mistério pascal de Jesus, portanto, à redenção da humanidade pela misericórdia de Jesus, que se entrega por completo ao Pai e à ação humana de sacrificá-lo. Paulo meditou muito sobre a encarnação do Filho único do Pai. Muitas e muitas vezes se perguntou sobre como essa tão extraordinária realidade teria acontecido. Chegou à incrível conclusão de que o Filho de Deus "se esvaziou da divindade", "se aniquilou". Inserido, como estava, na cultura grega, Paulo, que, na verdade, era judeu, procurou e encontrou o termo *Kênosis* (κένωσις, esvaziamento), para expressar o que ele estava querendo dizer. Eis a frase síntese que Paulo registrou na sua Carta aos cristãos da cidade de Filipos:

Ele que estava na forma de Deus, renunciou ao direito de ser tratado como Deus e, para isso, esvaziou-se a si mesmo e tomou a forma de servo, tornando-se semelhante aos homens. Rebaixou-se a si mesmo, fazendo-se obediente até à morte e morte de cruz! (Fl 2,6-7).

Paulo conjugou o verbo *kenôô* (κενόω = esvaziar), insistindo que aquela ação é de iniciativa do próprio Filho de Deus, "esvaziando-se: ἐκένωσεν (ekénōsen)", que, na verdade, é mais que despojamento, desapego, esvaziamento, chegando a ser aniquilamento, isto é, tornar-se "nada". Mas Paulo, fascinado com a morte de Jesus, tornado nada na cruz e no sepulcro, é mais fascinado ainda pela gloriosa ressurreição e glorificação deste mesmo Jesus, que agora é Senhor, *Kyrios* (Cristo), e que, novamente no esplendor de sua divindade, é adorado por todos os seres:

> Por isso, Deus o elevou ao posto mais alto e lhe deu o nome que está acima de todo nome, para que ao nome de Jesus, todo joelho se dobre nos céus, na terra e sob a terra, e toda língua confesse que Jesus Cristo é o Senhor, para a glória de Deus Pai! (Fl 2,9-11).

Brota do meu coração um hino de ação de graças por esse maravilhoso texto de São Paulo. Afinal, esse Jesus, que nos revelou seu Pai, rico em misericórdia, é a personificação desse mesmo Deus, seu Pai; tornando-se a própria misericórdia encarnada, que, portanto, nos permite "ver" nele este seu Pai (cf. Jo 14,8-11), que se faz excepcionalmente próximo a nós, por puro amor misericordioso, gratuitamente, porque nos ama. Ora, se Deus assim nos ama tanto é porque, evidentemente, nos quer para ele, nele, unidos a ele, redimidos do pecado pela ação de seu Filho, nosso Redentor, com a dignidade de filhos seus no seu Filho amado, irmãos entre nós no seu Filho, o nosso irmão maior, e, assim, para que, por meio de seu Filho, tenhamos vida plena, vida eterna feliz.

Vem-me à mente e ao coração, neste momento em que medito sobre o nascimento do Filho de Deus, o Verbo feito carne, a Palavra encarnada, a cena, narrada pelo evangelista Lucas, da visita dos pastores ao local onde nasceu Jesus. É algo que marcou meu tempo de formação para a vida consagrada. Interessa-me, para o que estou meditando, o termo "palavra" – *logos*, *verbum*, *dabar* –, ao menos na tradução em latim de uma frase de Lucas que nos chegou por meio da versão feita por São Jerônimo no século IV d.C., denominada Vulgata (um latim compreensível para o povo da época). Trata-se da frase que os pastores se disseram uns aos outros, quando, depois do anúncio dos anjos, decidiram deixar o rebanho e partir em busca do menino que havia nascido em Belém. Chamou-me sempre a atenção a tradução adaptada de São Jerônimo: "Transeamus usque Bethlehem et videamus hoc verbum quod factum est", isto é, "Vamos a Belém e lá vamos ver esta Palavra que aconteceu!" (Lc 2,15).

Sempre me impressionou este final da frase na versão latina, "esta Palavra que aconteceu!" (*hoc verbum quod factum est*). O que motivou São Jerônimo a colocar aqui o termo "Palavra" se ela não se encontra no original grego? Teria sido ele influenciado pela tradução que ele mesmo fez para o latim do capítulo 1 do Evangelho segundo João, no qual o termo *Logos* ("Palavra", em grego) é usado no sentido hebraico de *Dabar* ("Palavra"), isto é, a própria pessoa de Deus?

> No princípio existia a Palavra, a Palavra estava junto de Deus e a Palavra era Deus. No princípio a Palavra estava junto de Deus e tudo foi feito por meio dela e nada foi feito sem ela. O que nela estava era vida e a vida era a luz dos seres humanos (Jo 1,1-4).
>
> E a Palavra se fez carne e armou a sua tenda entre nós (Jo 1,14).

Ora, segundo a tradução adaptada de Lucas por São Jerônimo, os pastores foram a Belém, como comentamos, para ver exatamente esta "Palavra que se fez carne e armou a sua tenda entre nós" – "Transeamus usque Bethlehem et videamus hoc verbum quod factum est" –, e este texto latino atravessou quase um milênio e chegou até nós. É sobre o significado de Palavra tanto em Lucas como em João que desejo tecer meu comentário, pois este conhecimento marcou profundamente a minha vida e missão de ministro da Palavra de Deus.

Um dos significados mais poderosos do termo hebraico *dabar* geralmente é traduzido por *palavra*, mas, na verdade, é muito mais do que palavra como normalmente compreendemos em português e nos demais idiomas modernos. Em hebraico, um dos significados de *dabar* é a realidade mesma da pessoa que fala, portanto, palavra é uma forma de a pessoa existir além da sua realidade psicossomática-relacional e espiritual. Portanto, nos textos do Novo Testamento, "Palavra" é o próprio Jesus, como Palavra encarnada do Pai, que assumiu em tudo a condição humana, menos o pecado, como escreveu o autor da Carta aos Hebreus (cf. Hb 4,15), e de quem devemos aproximar-nos confiantes, dele, que é o tribunal da graça, "para obtermos misericórdia e alcançarmos a graça de um auxílio oportuno" (Hb 4,16).

Fico até emocionado ao escrever sobre a frase do "Transeamus", pois, em meus tempos de jovem religioso, cantávamos a quatro vozes masculinas a bela melodia de *Transeamus usque Bethlehem*,[1] de autor desconhecido, mas que o

---

[1] Disponível em: <https://youtu.be/aRpZovWH6yI> ou em: <https://www.youtube.com/watch?v=l_1M1icp0_U&feature=youtu.be>.

Padre Joseph Ignaz Schnabel (1767-1831) transcreveu, fez arranjos e divulgou, alcançando grande êxito, tornando-se um dos hinos típicos do período litúrgico do Natal.

Em Jesus se revela, em plenitude, o amor misericordioso do Pai

O Novo Testamento, em sua totalidade, foi escrito em grego. Para uns poucos estudiosos, o Evangelho segundo Mateus (ou segundo a comunidade que se congregava em nome desse apóstolo), foi escrito inicialmente em aramaico, mas logo traduzido para o grego. Mas, para o nosso tema aqui, o que realmente interessa é saber como seria em grego a tradução dos termos hebraicos *Hesèd* e *Rah'mim* (amor de misericórdia), tão importantes para os cristãos da tradição judaica e que tão cedo se espalharam pelo Império greco-romano. Folheando os textos em grego do Novo Testamento,[2] ali estão os termos *ágápe* e *eléos*, usados para falar de Deus-Amor-misericórdia. É evidente que os cristãos tiveram de enriquecer, a partir da fé em Jesus Cristo, o conteúdo deste termo da cultura grega. Tentarei balbuciar algo sobre o sentido de *ágápe*, no Novo Testamento, desencavando o pouco do estudo do grego que aprendi em meus estudos de Bíblia na Universidade Lateranense.

O termo grego *ágápe* (ἀγάπη) é usado para o que, em português, queremos significar por "amor" no seu sentido

---

[2] Estou usando aqui o Novo Testamento em grego, *The Greek New Testament* (edited by Kurt Aland and Barbara Aland. Printed in Germany, United Bible Societies, 1984).

mais lídimo, verdadeiro, sublime e puro.[3] Inclui afeição, como sentimento que impulsiona querer bem ao outro, de modo gratuito, para que ele se sinta bem e feliz. Tem forte conotação de doação de si, de forma generosa, chegando mesmo ao heroísmo de dar a nossa vida para salvar a vida e procurar a felicidade do outro, como bem o expressa Jesus nessa frase a ele atribuída pelo evangelista João e com a conotação de entrega sem retorno: "Ninguém tem amor maior do que alguém que dá a vida pelos amigos" (Jo 15,13). É um amor que envolve a todos, no sentido universal e amplo, expressando o desejo de que todos estejam em paz, vivam em atitude positiva, cooperem para relações humanas construtivas de harmonia, amizade, boas disposições. Aliás, é este o sentido original de *Shalom*.

A partir dessas ideias-forças que aqui resumimos, percebo um pouco como Jesus expressou este amor ágape e o ensinou. Segundo o evangelista João, Jesus sintetiza toda a sua missão no amor-ágape e deixa claro para seus seguidores o que devem ser e fazer para que sejam felizes como ele é, no convívio com Deus e com eles. Ele coloca o amor mútuo como o principal sinal de que alguém é realmente seu amigo, seguidor, apóstolo-discípulo-missionário:

> Eu dou a vocês um mandamento novo: Amem-se uns aos outros como eu amei vocês; que vocês se amem uns aos outros. E se vocês tiverem amor uns aos outros, todos vão reconhecer que vocês são meus discípulos (Jo 13,34-35).

---

[3] O termo *ágape* se refere, no grego antigo, a uma afeição mais ampla do que *eros* (amor de caráter afetivo-sexual). *Ágape* era usado na cultura grega para afeição e sentimentos não carnais entre as pessoas.

Este mesmo mandamento, em forma resumida, é retomado no capítulo 15 de João: "Este é o meu mandamento: Amem-se uns aos outros, assim como eu amei a vocês (Jo 15,12)".

O sentido máximo de amor-ágape se encontra na Primeira Carta de João, quando ele, na convocação ao verdadeiro discipulado de Jesus, pela vivência do amor mútuo, recorre ao amor-ágape para definir a própria identidade de Deus:

> Amados. Amemo-nos uns aos outros porque o amor vem de Deus. Todo aquele que ama nasceu de Deus e conhece a Deus. Quem não ama não conhece a Deus, porque Deus é amor (1Jo 4,7-8).

Eléos é menos usado do que o termo *agápan-agápe*, mas é também muito rico em significado, segundo explica, resumidamente, o teólogo leigo Antônio Mesquita Galvão:

> A palavra misericórdia, *eléos*, no grego, e *heséd*, no hebraico, como já falamos, é completada com o verbete *rahamim* (sentir, como uma mãe, com as entranhas). A *heséd* personifica boas relações entre pessoas, querer bem, fazer o bem, ter afeto, desenvolver fidelidade, exercer solidariedade.[4]

---

[4] MESQUITA GALVÃO, Antônio. A experiência da misericórdia. Texto em ADITAL, 10/02/2009. Disponível em: <http://www.adital.com.br/site/noticia_imp.asp?cod=37237&lang=PT>.

CAPÍTULO 5

JESUS,
A MISERICÓRDIA DIVINA ENTRE NÓS

A imagem visível do Deus invisível

Continuando a meditação sobre misericórdia, obviamente era impossível não me debruçar, com fé e gratidão, sobre o Filho de Deus, nosso Irmão e Salvador, Jesus Cristo. Ele é a imagem visível, sensível e eficaz de Deus, o Deus-Amor-misericórdia. Espontaneamente aparecem em minha mente, em coerência com o tema da misericórdia, as *parábolas da misericórdia*. Mas como vai tomando conta de mim a recordação de gestos e palavras de Jesus que, por si mesmos, expressam, de modo muito especial, a sua identidade, isto é, como a misericórdia divina encarnada e atuante no meio de nós! Começo com dois trechos do evangelista João que evocam em mim, como já mencionei, um ato de fé que se expressa em uma atitude de amor de gratidão a Deus, que me impulsiona a viver no meu dia a dia o amor-misericórdia para com todas as pessoas que ele tem a bondade de colocar em meu caminho. Escreve João:

Nisto se tornou visível o amor de Deus entre nós: Deus enviou seu Filho ao mundo para podermos viver por meio dele! (1Jo 4,9).

Deus amou tanto o mundo que lhe deu o seu Filho amado, para que não morra quem nele acredita, mas tenha a vida eterna [...] e para que o mundo seja salvo por meio dele (Jo 3,16-17).

Misericórdia

Retomo o significado de misericórdia, termo que traz a feliz união das palavras latinas *miser* (pena, compaixão), *cor, cordis* (coração) e *ia* (movimentar, agir, caminhar), resultando em coração "cheio de compaixão, pena, amor de libertação, e que impulsiona a pessoa a socorrer, ajudar, salvar". Compaixão, por sua vez, comporta dois termos: *cum*, que significa "com", e *passio*, com significado de "ter sentimento de pena" com desejo de ajudar. Uma pessoa compassiva é aquela que, vendo o outro sofrer, entra na pele dele, sofre com ele e parte para a ação de ser presença junto dele, para ser-lhe conforto e apoio buscando meios para ajudá-lo a superar o que o faz sofrer tanto.

Na verdade, não existe amor sem *compaixão* (a energia interior que mobiliza a pessoa a compartilhar o sofrimento do outro) e, logicamente, sem *misericórdia* (ter o coração cheio de compaixão), portanto, consequentemente, sem a ação amorosa que busca a superação, a recuperação, libertação, saúde, salvação. A misericórdia é, em síntese, a dinamização do desejo e da vontade, provocada pela compaixão, para que a pessoa, assim sensibilizada, possa compartilhar, de modo afetivo, generoso e até mesmo incondicional, a situação de quem sofre, cooperando, ao máximo, para seu bem-estar.

Contemplemos Jesus. O modo como ele se comportou, suas atitudes, gestos e palavras, diante de pessoas e situações que o sensibilizaram e, ao mesmo tempo, mobilizaram sua compaixão e sua misericórdia, explicitam, visualizam sua identidade e a sua missão. O Filho de Deus veio tornar acessível seu Pai como o Deus-Amor, o Deus compassivo e misericordioso que faz o ser humano ser plenamente humano mediante a relação filial, de total confiança e intimidade com ele e, também, mediante relações de fraternidade, solidariedade, justiça e libertação entre as pessoas. Nessa revelação está incluído também maior conhecimento e vivência da dimensão divina que existe em nós, por sermos filhos e filhas de Deus. Nesse sentido, em sua pregação – procurando sempre linguagem acessível ao povo –, Jesus dá o exemplo e ensina como viver intimamente com Deus, primeiramente num relacionamento filial amoroso e generoso com Deus como Pai, o Pai nosso, excluindo distância, medo e desconfiança e, logicamente, tentativas de manipulação de Deus em função de interesses que nada têm a ver com a sua santa glória, a sua santa vontade.

Alguns gestos misericordiosos de Jesus

Limito-me nesta meditação a algumas narrativas sobre Jesus exercendo sua misericórdia e, propositalmente, fico aqui com três textos referentes à mulher. Minha escolha se deve ao fato de que nunca me conformei com o machismo entre nós, discípulos-missionários de Jesus, e, de modo especial, na composição e funcionamento da hierarquia da nossa Igreja. Enquanto escrevo, oro para que, em corajosa fidelidade e coerência com Jesus, nós, Igreja de Jesus Cristo, tenhamos coragem de realizar as necessárias mudanças em favor da dignidade e dos direitos da mulher, na própria Igreja e na sociedade.

Primeiro. Sempre me impressionou o gesto misericordioso de Jesus durante uma refeição na casa de um fariseu chamado Simão (cf. Lc 7,36-50). Uma mulher, pecadora, em prantos, se aproximou, ajoelhou-se aos pés de Jesus e começou a beijá-los, molhando-os com suas lágrimas. Ela, constrangida, se pôs a enxugá-los com seus longos cabelos e com o véu que os cobria, pois naquele tempo era obrigatório para a mulher ter a cabeça coberta por um véu. Em seguida, pegou um recipiente de perfume e ungiu os pés do mestre. Todos sentiram o agradável odor e se admiraram da qualidade daquele perfume, que era caro...

Jesus, a imagem visível do Pai misericordioso, interpreta aquela atitude da mulher como um reconhecimento da situação de pecado em que ela vive, seu arrependimento e seu pedido de perdão. Não fica indiferente. Rompe com os costumes e normas. Deixa que ela o toque e derrame sobre seus pés tudo o que sofre, mesmo que isso seja um escândalo para Simão, que havia convidado Jesus para uma refeição. De fato, Simão pensa várias coisas a respeito de Jesus, que, tão tranquilamente, deixa aquela mulher, conhecida pecadora, ficar ali acarinhando seus pés. Jesus, percebendo a reação interior de seu anfitrião, reage. Critica Simão, defende a mulher em sua manifestação de arrependimento e muito amor e, cheio de compaixão, garante a ela, na frente de todos, que seus pecados estavam perdoados. Eis outro escândalo para Simão e todos os convidados, pois somente Deus pode perdoar pecados...

Naquele seu gesto em favor da mulher pecadora, Jesus se mostra profundamente compassivo e misericordioso. Ela não disse nada, mas Jesus entra no seu coração, assume seus sofrimentos, certifica-se de sua fé e sinceridade e, consequentemente, parte para a ação. Como Filho de Deus, portanto o próprio Deus-misericórdia, ele a defende, consola, valoriza, perdoa, e devolve-lhe a paz. Jesus argumenta com Simão:

> Os muitos pecados dela estão perdoados porque ela muito amou; mas aquele a quem pouco foi perdoado, pouco ama. Em seguida, disse a ela: Seus pecados estão perdoados. Sua fé a salvou. Vá em paz! (Lc 7,47-48.50).

Segundo. Não menos impressionante, para mim, é a defesa que Jesus fez de outra mulher, acusada de adultério (cf. Jo 8,1-11) e, segundo o livro sagrado do Levítico (20,10), ela devia ser apedrejada. Acontece, porém, que a Lei prescreve o apedrejamento de ambos, a mulher e o homem flagrados em adultério. Onde estava o adúltero? Tratava-se, porém, de uma armadilha que os chefes religiosos haviam armado para pegar Jesus em erro: se Jesus defendesse aquela mulher, seria acusado de ir contra a Lei de Moisés; se a condenasse, seria acusado de incoerência com o que ele mesmo ensinava quanto ao amor ao próximo. Como eram machistas, nem sequer pensaram no homem adúltero, portanto, cometeram uma injustiça com a mulher, a única a ser castigada...

Jesus se pôs a escrever no chão. A multidão continuava gritando. Levantando-se e encarando a todos, ele ordenou com voz de autoridade: "Quem de vocês não tiver pecados, atire nela a primeira pedra!". Inclinou-se novamente e continuou a escrever no chão. Um por um, a começar pelos mais velhos, todos se retiraram. A mulher continuava ali, envergonhada, prostrada, em lágrimas e trêmula, talvez com medo de que o profeta a apedrejaria. Carinhosamente, Jesus lhe perguntou: "Mulher, onde estão eles? Ninguém a condenou?". Ela respondeu: "Não, Senhor!". E Jesus lhe disse: "Eu também não a condeno. Vá e não peque mais!". O perdão verdadeiro perdoa a pessoa, mas não aceita o pecado. Não existe perdão dos pecados, mas do pecador. Jesus exige mudança de vida: "não peque mais!".

Jesus, o Filho de Deus, se colocou decididamente do lado da pessoa fragilizada, indefesa, alvo de ódio e ameaçada de morte. Há um agravante no caso: tratava-se de uma mulher e, portanto, pelo simples fato de ser mulher, já era discriminada naquela sociedade. Jesus vai contra toda injustiça em ação contra ela, a protege e a salva. Confesso que estou, uma vez mais, emocionado, sensibilizado com essa atitude de Jesus, compassivo e misericordioso, e que não discriminou a mulher. Com ela conversou, a libertou e lhe recomendou mudar de vida, não mais pecar.

Terceiro. Concluo agora o tema dos gestos misericordiosos de Jesus, e são muitos!, com alguns rápidos comentários sobre o maravilhoso relato do encontro da samaritana com Jesus junto ao poço de Jacó. Novamente, rompendo as normas e costumes de seu tempo, Jesus conversou com uma senhora que estava preocupada em retirar água do poço, pois precisava atender às necessidades de sua casa. A narrativa é por demais conhecida e vou direto ao gesto misericordioso de Jesus com aquela mulher.

Jesus estabeleceu um diálogo com aquela mulher à beira do poço de Jacó. Vencida a barreira inicial, ela adquiriu confiança e desabafou. Jesus percorreu com ela um itinerário, um processo para conhecer a verdadeira realidade daquela sofrida senhora e, aos poucos, a conduziu ao ato de fé e à confissão de sua situação de vida. Cheio de compaixão, ao perceber a boa vontade de sua interlocutora, Jesus lhe confiou seu segredo, revelou ser ele mesmo o Messias e a convocou à mudança de vida. Ao aceitar a proposta e ver-se liberta, a mulher deixou tudo e foi correndo à aldeia contar, com alegria e entusiasmo, o maravilhoso momento que estava vivendo. Já não acreditava em Jesus apenas por ter ouvido falar dele, mas porque tivera um encontro pessoal, transformador e libertador com ele. E ela, transformada em discípula-missionária, conduziu a Jesus muitas pessoas.

Agradeço a Deus os vários momentos da minha longa vida em que ele, por pura bondade, me concedeu a graça de experimentar encontros mais intensos e totalizantes com ele, em minha família, na Escola Profissional La Salle de Machado, Minas Gerais, na decisão de deixar tudo e partir para seguir Jesus, na vocação e missão de Religioso Irmão de La Salle, nos passos que fui dando em minha caminhada de religioso, apóstolo, missionário, assessor, escritor, e também nos retiros, nos encontros, nos momentos de conflitos... Oro, neste momento, em ação de graças, mas também de súplica, para que em nossa Igreja se priorize a catequese de inspiração catecumenal, que conduz ao encontro pessoal e comunitário com Jesus Cristo, à conversão e à missionariedade. Junto com o relato dos discípulos de Emaús, certamente o encontro de Jesus com a samaritana é de grande riqueza para a renovação da catequese de iniciação à vida cristã, com uma nova valorização da mistagogia, o processo que conduz para dentro dos segredos de Deus e, mais do que isso, à intimidade filial madura com ele que se desdobra na fraternidade, na justiça e na salvaguarda da sua criação, cooperando de modo mais eficaz na extensão de seu Reino.

Quarto. Não me é possível omitir Maria, a Mãe de Jesus, nesta reflexão-meditação sobre os gestos misericordiosos de Jesus. Aliás, voltarei a tão precioso tema. Vou direto à cena de Maria aos pés da cruz, segundo a narrativa do evangelista João. Recordo-me de quando, meditando sobre este relato, há mais de trinta anos, me veio a letra e a música da canção "Junto à cruz de Jesus, estava de pé sua Mãe e com ela o discípulo que o Mestre mais amava", que gravei com um grupo de jovens para uso interno. É evidente que os dois, Maria e João, e os demais seguidores, que ali estavam junto à cruz, comungavam, tristes, chorosos, angustiados, dos sofrimentos de Jesus. Por sua vez, Jesus, além de compadecer-se dos ladrões crucificados com ele, sentia infinita compaixão de Maria, sua Mãe, e dos demais seguidores que ali se encontravam.

Sempre me chamou a atenção que em nenhum dos quatro Evangelhos Jesus chama Maria de "Mãe" nem mesmo fala seu nome, "Maria", ao passo que chamará algumas mulheres por seus respectivos nomes, especialmente Marta e Maria, irmãs de Lázaro. Normalmente os evangelistas registram que ele se dirige a Maria, sua Mãe, como *mulher*, ou seja, por sua identidade de gênero e não por uma das possíveis funções que a mulher, nem todas, pode ter, que é a de ser mãe. Tanto na cena das bodas de Caná como aos pés da cruz, Jesus se refere a Maria como *mulher*:

> Junto à cruz de Jesus estavam de pé sua mãe, a irmã de sua mãe, Maria de Cléofas, e Maria Madalena. Quando Jesus viu sua mãe e, ao lado dela, o discípulo que ele amava, disse à sua mãe: "Mulher, eis aí o seu filho!" Depois, disse ao discípulo: "Eis aí a sua mãe!" E, desde essa hora, o discípulo a recebeu em sua casa (Jo 19,25-27).

É comovente tal gesto de amor, compaixão e misericórdia de Jesus para com Maria, sua Mãe. Mais que preocupar-se com si mesmo, submerso em tanto sofrimento, ele se preocupou com ela e com o que ela sofria ali ao pé da cruz, com o vazio maternal que ela iria sentir com a morte do filho, mas, sobretudo, quanto ao seu futuro sem Jesus. E ele encontrou a solução para esses problemas na pessoa de seu discípulo João. Pediu a Maria que direcionasse, a partir daquele momento, a sua maternidade para João, e o adotasse por filho – "eis aí o seu filho!" –, e a João que a assumisse como mãe – "Eis aí a sua mãe!". Maravilhoso foi, sem dúvida, esse gesto de compaixão misericordiosa de Jesus para com sua Mãe e também sua atitude de atenção, consolo, cuidado e ajuda.

Desde cedo nossa Igreja assumiu a interpretação de que em João estamos todos nós, os discípulos-missionários de Jesus, portanto os que assumimos a Mãe de Jesus como nossa mãe: "Eis aí a sua mãe!". Com gratidão a temos em alto apreço e por ela nutrimos um grande amor. Afinal, não valorizar Maria no Plano da Salvação é ofender o próprio Deus, que lhe deu tamanha honra de ser a Mãe de seu Filho unigênito. Portanto, é bem difícil compreender a possibilidade de ser discípulo de Jesus sem honrar a Mãe dele, Maria de Nazaré, e, sobretudo, aprender dela a amar e seguir seu Filho, o Filho unigênito de Deus-Pai.

Em clima interior de diálogo com Jesus, a partir desses relatos, coloco-me à escuta obediente dele, confiado em sua infinita compaixão e misericórdia. Passa por meu coração, primeiramente, um hino de ação de graças pelo privilégio da vida, da fé, da vocação e missão de Irmão Religioso de La Salle, pelas maravilhas que Deus operou e continua operando em mim e através de mim. Bendito seja Deus para sempre! Renovo minha humildade e confesso o meu pedido: *Dá-me de beber desta água viva, que és tu mesmo, Jesus! Converte-me, Jesus, e serei verdadeiramente convertido! Reforça em mim o encontro pessoal, pleno, intransferível, contigo, Jesus! Ouso dizer-te: podes contar comigo, quero ser teu discípulo-missionário, cada vez mais alegre, entusiasta, generoso e criativo! Te peço o dom de ser misericordioso como tu e como teu Pai. Envia-me o Espírito Santo para, a exemplo de tua Mãe, Maria, viver plenamente meu "sim" à vontade de Deus, estar sempre a serviço, amar. Amém!*

A misericórdia nos ensinamentos

Logo nos primeiros capítulos do Evangelho segundo Mateus, a misericórdia aparece no Sermão das Bem-aventuranças. Eis o que diz Jesus: "Felizes os misericordiosos, porque encontrarão misericórdia!" (Mt 5,7). Antes, porém, nos versículos 3 a 5, Jesus declara felizes as pessoas que vivem alguns padrões da verdadeira felicidade humana. Assim, no versículo 3, "Felizes os pobres...", ele fala das pessoas que se esvaziam de si mesmas, das ocupações e preocupações que levam a não ter espaço para Deus e a fabricar ídolos. Ao apego aos bens e à idolatria do dinheiro ele contrapõe a pobreza, como desapego, relativização, esvaziamento que possibilita a simplicidade de vida. É este estilo de vida simples que abre a pessoa para enriquecer-se de valores e, sobretudo, da verdadeira humanização que vem junto com a presença plenificadora de Deus-Amor, e que impulsiona a colocar a pessoa a serviço da glorificação de Deus pela extensão de seu Reino aqui na terra, isto é, batalhar pela felicidade de todas as pessoas, particularmente os mais necessitados, os pobres, os sofredores, os excluídos.

No versículo 4, "Felizes os que choram...", Jesus se mostra contrário à dureza de coração, à insensibilidade e à falta de abertura interior para as necessidades dos outros, ao fechamento à graça, portanto, Jesus é contra a situação de pecado. No coração em pecado não está a felicidade, mas sim num coração "cheio de compaixão", que é capaz de chorar, isto é, comungar de tal modo o sofrimento alheio que a sensibilidade leve à produção de um sinal externo dessa dor – as lágrimas – e, consequentemente, à ação. Esse sinal é tão poderoso que acontece também em situações de grande alegria, mas aqui nas bem-aventuranças Jesus se refere a lágrimas de dor. O consolo vai vir quando a pessoa sensibilizada pela dor do outro se coloca a serviço, se aproxima, consola, dá apoio, ajuda. O bem do outro se reverte, para quem for solidário, tanto no estancamento das lágrimas como na alegria da missão cumprida.

No versículo 5, "Felizes os mansos...", Jesus elogia e declara feliz quem desenvolve o dom da mansidão, isto é, da capacidade de autocontrole, de manter distância crítica e operosa em face das dificuldades, calúnias, acusações, problemas pessoais, familiares, sociais, políticos, econômicos, religiosos. Não se afoga nos problemas e procura, com sabedoria, mesmo sofrendo, caminhos de solução, alternativas que melhor ajudem a vencer as barreiras. Tal atitude de vida, além de fortalecer o ânimo da pessoa solidária, a faz ir conquistando terreno nas relações humanas, nas situações adversas e no estabelecimento da justiça e da paz na terra.

O versículo 6, "Felizes os que têm fome e sede de justiça...", supõe que para Jesus não há condição de felicidade e de paz sem o estabelecimento de condições que garantam a dignidade humana, os direitos humanos, a salvaguarda da natureza, o crescimento na prática dos valores humanos, entre os quais, principalmente, o respeito, o perdão, o amor. A justiça é uma manifestação do amor, e é tão fundamental para o ser humano, e de modo especial para os discípulos-missionários de Jesus, que Jesus expõe nas três bem-aventuranças seguintes as condições para que ela possa acontecer: a misericórdia (quinta bem-aventurança), a pureza (oitava) e a paz (nona). Ainda, para Jesus, a justiça é tão essencial que deve causar no ânimo, no coração, nos sentimentos e emoções das pessoas, em sua vida inteira, uma sensação profunda, abrangente e até mesmo desesperadora como a fome e a sede, que nos obrigam a fazer de tudo para que sejam atendidas, saciadas. É assim que Jesus quer que seus discípulos vivam a justiça, isto é, de tal modo que não encontrem paz, sossego algum, a não ser realizando-a, isto é, "tenham fome e sede de justiça".

A misericórdia ocupa o quinto lugar no elenco das bem-aventuranças ensinadas por Jesus. Como é necessária e fundamental no caminho da felicidade, ela supõe e requer um coração pobre (primeira bem-aventurança), sensível (segunda), manso (terceira), justo (quarta), puro (sexta), pacífico e pacificador (sétima). Podemos dizer também que a justiça (a quarta bem-aventurança) é incompleta sem a misericórdia (a quinta). As bem-aventuranças são sete, e é sabido que na cultura hebraica o número sete significa plenitude, perfeição, logo, as sete bem-aventuranças, bem vividas, concretizam a felicidade plena da pessoa, já aqui na terra, e são condição *sine qua non* [indispensável] para ser discípulo-missionário de Jesus Cristo. E elas nos ajudam decisivamente a ter uma noção existencial correta do Deus verdadeiro, o Deus justo e misericordioso, de quem somos feitos à imagem e semelhança, portanto chamados a viver na justiça e na misericórdia mediante a própria justiça e misericórdia de Deus.

É importante também, segundo a tradição do povo de Israel, tão evidenciada na Sagrada Escritura dos judeus, entender que, na frase de Jesus "Bem-aventurados os misericordiosos, porque eles alcançarão misericórdia" (Mt 5,7), está subentendido que somente alcançam misericórdia aqueles que cumprem os mandamentos de Deus. Isso porque, ao obedecerem a Deus, estão cumprindo as condições dadas pelo próprio Deus e, consequentemente, são "misericordiosos". Pelo fato de amarem a Deus sobre todas as coisas e amarem o próximo como a si próprios, estão fazendo a vontade de Deus e, portanto, atraem sobre si a sua misericórdia.

É por isso que Jesus, além de declarar "felizes os misericordiosos" (cf. Mt 5,7) e que a misericórdia é para os que temem a Deus, dá duas recomendações: a) aprender o que realmente Deus quer de nós, conforme Mt 9,13 e 12,7: "aprendam o que significa 'quero misericórdia e não sacrifícios'", aliás, uma citação que ele faz do profeta Oseias (6,6); e b) sermos misericordiosos (cf. Lc 10,36-37), conforme o diálogo acontecido após Jesus ter contado a parábola do bom samaritano, uma das parábolas da misericórdia: "'Qual dos três, na sua opinião, foi o próximo daquele que caiu nas mãos dos assaltantes?' E ele respondeu: 'Aquele que o tratou com misericórdia'. Jesus, então, lhe disse: 'Vai e faça você também a mesma coisa'". E outro ensinamento de Jesus é: quem é beneficiado com a misericórdia de Deus tem o dever de anunciá-la aos outros – "anuncie-lhes tudo o que o Senhor fez para você e como ele teve misericórdia de você" (cf. Mc 5,19).

Misericórdia quero

Volto aqui à citação de Os 6,6 ("misericórdia quero e não sacrifício"). Na cena do banquete, oferecido por Levi a seus amigos e ao próprio Jesus, segundo o narrado em Mt 9,13, Jesus acrescentou: "Porque eu não vim chamar os justos, mas os pecadores" [à conversão]. E esse dito de Jesus aparece nos três evangelistas, isto é, nos Evangelhos denominados posteriormente "sinóticos" – Mateus, Marcos e Lucas (Mt 9,9-13; Mc 2,13-17; Lc 5,27-32) –, os quais, ao serem visualizados em conjunto (*syn* = junto, em conjunto e *óptica* = olhar), facilitam ver o que consta nos três textos, na maioria das vezes, literalmente.

Aquela quantidade de publicanos – considerados "pecadores" pelos líderes religiosos judeus – e, sobretudo, tendo Jesus à mesa com eles, causou um grande escândalo. Os escribas e fariseus fizeram comentários condenando a atitude de Jesus e foram perguntar aos discípulos de Jesus: "Por que come o vosso Mestre com os publicanos e pecadores?". Jesus percebeu tudo e sua resposta foi de reprimenda aos escribas e fariseus, mas, acima de tudo, de revelação de sua própria identidade:

> Os sãos não necessitam de médico, mas sim os doentes. Vão, portanto, e aprendam o que significa: misericórdia quero, e não sacrifício. Porque eu não vim a chamar os justos, mas os pecadores, ao arrependimento (Mt 9,12-13).

Na verdade, Jesus estava apenas relembrando a todos qual era a sua missão, missão que havia recebido do Pai: salvar a humanidade do pecado, convidar à conversão e segui-lo, para que, por meio dele – o Caminho, a Verdade e a Vida –, todos pudessem chegar ao Pai, o Deus-Amor-misericórdia.

Concluo esta meditação com uma breve referência às três famosas parábolas de Jesus que ele usou para ensinar sobre a misericórdia. Estão no capítulo 15 do Evangelho segundo Lucas. A primeira é a do pastor que vai atrás da ovelha perdida, encontra-a, convida os amigos e faz uma festa. A segunda é a da mulher que procura a dracma extraviada em algum canto da casa, encontra-a e chama as amigas para festejar a sua vitória. Finalmente, a terceira, a do pai à espera, ansioso pela volta do filho que havia exigido a herança, partira para longe e, depois de tudo gastar, decidira voltar para casa. O pai generoso, pródigo no amor de misericórdia, ao avistá-lo todo maltrapilho, sai a seu encontro, abraça-o, redime-o, acolhe-o e manda fazer uma festa.

Com esse seu ensinamento, Jesus, uma vez mais, não apenas comunica o que é e como deve acontecer a misericórdia, mas revela o seu próprio ser e agir. Ele próprio carrega nos seus ombros, com a cruz, a humanidade pecadora, para redimi-la. Nas palavras do filho pródigo que se prepara para voltar para casa, como escreve Santo Agostinho, "é o próprio Filho de Deus que grita, para que voltes; o lugar da tranquilidade imperturbável se encontra onde o amor não experimenta o abandono",[5] o abraço do Pai, que celebra uma festa quando alguém se converte e volta ao seu colo materno (*rahamim*).

---

[5] SANTO AGOSTINHO. *Confissões*. Petrópolis: Vozes, 2011. IV, 11.16.

CAPÍTULO 6

MARIA, MÃE DE MISERICÓRDIA

Herança de família

Como já aludi no começo do livro, sou de uma família do sul de Minas Gerais, marcada pela fé cristã e com forte devoção a Nossa Senhora Aparecida. Naquele ambiente impregnado de fé nasci e cresci. Na Escola Profissional La Salle de Machado, os Irmãos de La Salle, zelosos educadores cristãos, me ajudaram a enraizar-me ainda mais em Jesus Cristo e em Maria, sua santíssima Mãe, de modo que, aos doze anos, percebi que Deus me chamava para consagrar-me por inteiro a ele. Ingressei no Instituto dos Irmãos de La Salle e consolidei ao longo de meu processo formativo minha opção de ser Religioso Leigo Irmão, de modo que sou feliz em minha vocação e missão. É, portanto, algo natural em mim dedicar a Nossa Senhora um capítulo aqui, destacando a misericórdia de Deus para com ela e a sua vocação e missão como Mãe de Jesus Cristo e da Igreja, destacando a sua misericórdia material para conosco, os irmãos de seu filho, o Filho unigênito do Pai. Invoco o divino Espírito Santo para que me ilumine.

História da devoção mariana

Considero importante verificar na história o aparecimento da invocação de Maria como "Mãe de ou da Misericórdia". As versões se contradizem. Optei pela que apresento a seguir. Atribui-se a Santo Odo, um abade de Cluny, na França, falecido em 942, este título. Há uma lenda que diz, em um de seus sonhos, Nossa Senhora lhe teria dito: "Ego sum Mater misericordiae" ("Eu sou a Mãe de Misericórdia"). Posteriormente, com a oração "Salve Regina, 'Mater Misericordiae'" ("Salve, Rainha, Mãe de Misericórdia"), atribuída ao bispo Ademar, da cidade de Le Puy, França, falecido em 1098, aconteceu um primeiro impulso significativo à devoção a Maria, Mãe de Misericórdia, por causa da rápida difusão dessa oração, por ter caído no agrado do povo.

Com o crescimento da devoção, no decorrer dos séculos século XI e XII surgiram catedrais, igrejas, ermidas, mosteiros, capelas e locais na natureza em honra da Mãe de Jesus. Multiplicaram-se os títulos de honra e grande foi a criatividade na composição de poemas, hinos, antífonas, ladainhas, canções, pinturas, esculturas, orações. E também foram divulgados milagres atribuídos a Nossa Senhora e revelações a algumas pessoas. Aumentaram as peregrinações a santuários marianos.

Alguns santos e ordens religiosas exerceram especial liderança na devoção a Maria naqueles tempos, devoção que permaneceu, com grande êxito, por séculos. Um desses líderes foi o francês São Bernardo de Claraval (1090-1153), monge cisterciense, teólogo, místico, privilegiadamente culto. Ele é considerado o último "Padre da

Igreja". São Bernardo percorreu muitos países da Europa e exerceu grande liderança na Igreja de seu tempo, sendo muito consultado por reis, príncipes, bispos, e pelo papa. Deixou muitos escritos de fundamentada cultura bíblica, teológica e de grande unção espiritual. Por causa de seu amor e de seus emocionados escritos, de grande sabedoria, sensibilidade e ternura para com Nossa Senhora, ele foi e é reconhecido como o *doce poeta de Maria*.

Outro grande propulsor da devoção mariana foi o espanhol São Domingos de Gusmão (1170-1221), fundador da Ordem dos Pregadores (OP), ou dominicanos. Zeloso pregador e escritor, não deixou de falar e escrever sobre Maria.[1] Foi ele quem estruturou e divulgou a devoção do Santo Rosário (150 rosas a Maria), costume que já existia, mas com muita variedade, desde o ano 800, quando surgiu o desejo, entre os fiéis leigos que não sabiam ler, de acompanhar a hierarquia e os religiosos na reza dos 150 salmos.[2] Criou-se, então, inicialmente, a reza de 150 Pai--Nossos, depois outra versão criou 150 Ave-Marias. Mais tarde aconteceu a alternância entre a Oração Dominical e a Ave-Maria. Aos poucos chegou-se à versão que hoje existe, isto é, o Rosário (150 rosas para Maria). Ao logo dessa história surgiu o costume de rezar uma parte do Rosário (cinco dezenas), portante, um terço da totalida-

---

[1] Cf. <http://soeursmariejosephetmisericorde.org/Marie-Mere-de-Misericorde>.

[2] Com o passar do tempo, formaram-se outros três saltérios com 150 Ave--Marias, 150 louvores em honra de Jesus e 150 louvores em honra de Maria. Em 1365, fez-se uma combinação dos quatro saltérios, dividindo as 150 Ave-Marias em quinze dezenas e colocando um Pai-nosso no início de cada uma delas. É de 1500 a meditação em cada dezena de um episódio da vida de Jesus ou Maria, dando origem, assim, ao rosário de quinze mistérios. Cf. <http://www.acidigital.com/rosario/surgio.htm>.

de das Ave-Marias, dando origem à reza do terço. Séculos depois, em 2002, o Papa João Paulo II introduziu mais cinco dezenas ao tradicional rosário,[3] que passou a ter 200 rosas ou Ave-Marias e não mais 150,[4] mas a tradição do terço não mudou, mesmo que não corresponda a um terço de 200.

Quanto aos frades dominicanos, a tradição da Ordem dos Pregadores registra que os primeiros dominicanos estavam convencidos de que deviam a Nossa Senhora a fundação da Ordem Religiosa deles e a tinham como sua padroeira. Com o tempo, passaram a invocá-la como Mãe de Deus, Rainha da Misericórdia, padroeira, protetora, mestra, educadora bem-amada e abadessa deles e de toda a Ordem.

Uma terceira liderança na devoção mariana foi exercida pelos frades carmelitas (Ordem dos Irmãos da Beatíssima Virgem Maria do Monte Carmelo, fundada no monte Carmelo, na Palestina). Em pouco tempo, a devoção a Nossa Senhora do Carmo se espalhou. A imagem de Maria, adotada pelos carmelitas, trazia na roupa de Nossa Senhora um avental com uma abertura no meio para ser colocado pela cabeça. Porque essa peça de roupa cobria os ombros, a frente e as costas, recebeu a denominação de *escapulário*, que vem de *scápula*, que, em latim, significa omoplata, o osso que forma o ombro e parte das costas. Os frades, então, introduziram, no hábito talar que passa-

---

[3] Cf. JOÃO PAULO II. Carta apostólica *Rosarium Virginis Mariae* (O rosário da Virgem Maria), de 16/10/2002.

[4] Cada cinco dezenas (terço) tem uma temática, que são, na sequência: os Mistérios Gozosos, os Mistérios Luminosos, os Mistérios Dolorosos e os Mistérios Gloriosos.

ram a usar, o avental que cobria as partes anterior e posterior do corpo, com uma cordinha para prendê-lo à cintura. Essa devoção ajudou a ressaltar a atitude de Maria como "serva". Pelo fato de ser difícil, para os fiéis devotos, usar o mesmo tipo de avental, o costume o foi reduzindo de tamanho, chegando ao escapulário que atualmente é usado. Infelizmente, a conotação de Maria como serva e, portanto, do cristão devoto dela, discípulo-missionário de Jesus, como servidor, desapareceu quase por completo.

Mãe de Misericórdia

Uma invocação que perdura e cresce ao longo da história. Quatro destaques:

a) Uma reação do povo. Sabe-se também que o título de Maria, Mãe de ou da Misericórdia, foi assumido pelo povo como uma reação, como que natural, à pregação, comum na Igreja da Idade Média, que insistia muito nos castigos de Deus e no medo do inferno. Nossa Senhora, vista, então, na sua qualidade de Mãe, foi, aos poucos, sendo colocada pela devoção popular como intercessora junto de Deus para que ele usasse sua infinita misericórdia para com os seres humanos e não recorresse ao castigo nem condenasse ninguém ao inferno.

b) Santa Brígida da Suécia. No século XIV, essa devoção foi reforçada e revigorada pela divulgação dos relatos das aparições a Santa Brígida da Suécia (1303 a 1373) e das conversas que teve com Jesus e com Nossa Senhora. Em uma das aparições, Nossa Senhora, revelando-lhe sua identidade, lhe disse:

Eu sou a Rainha do céu e a Mãe da Misericórdia. Sou a alegria dos justos e a porta aberta aos pecadores para que possam chegar a Deus. Não há na terra pecador tão mau que, se pedir ajuda, vá ficar sem receber a misericórdia. Ninguém, a menos que seja absolutamente maldito, é rejeitado se recorrer a Deus e não encontrar misericórdia. Mãe de Misericórdia é o título que todos me dão e verdadeiramente a Misericórdia de Deus para com os seres humanos fez-me toda Misericordiosa.[5]

c) São João Paulo II. No século XX, o Papa João Paulo II publicou, em novembro de 1980, uma encíclica, com o título *Dives in Misericordia*, na qual reflete sobre Deus-Pai, rico em misericórdia. No capítulo 5, item 9, dessa encíclica há uma síntese sobre Maria, Mãe da Misericórdia. O papa, depois de dizer, no final do parágrafo 8, que o "Cristo pascal é a encarnação definitiva da misericórdia, o seu sinal vivo: histórico-salvífico e, simultaneamente, escatológico", e também que "neste mesmo espírito a Liturgia do tempo pascal põe nos nossos lábios as palavras do Salmo: Cantarei eternamente as misericórdias do Senhor [Sl 89(88) 1,2]", ele expõe, no final do capítulo 5, esta bela reflexão sobre Maria:

No cântico pascal da Igreja repercutem [...] as palavras que Maria pronunciou durante a visita que fez a Isabel, esposa de Zacarias: "A sua misericórdia estende-se de geração em geração" (Lc 1,50). [...] Maria é, pois, aquela que, de modo particular e excepcional – como ninguém mais –, experimen-

---

[5] A citação se encontra em Santo Afonso de Ligório, no seu tratado *Glórias de Maria*, no Capítulo 1, item 3: "A Maria devemos recorrer". Disponível em: <http://salverainha.com.br/downloads/Glorias_de_Maria_de_Santo_Afonco_de_Ligorio.pdfhttp://>. Cf. também: <www.santorosario.net/espanol/glorias1.htm>, parágrafo 1, penúltimo parágrafo.

tou a misericórdia e, também de modo excepcional, tornou possível, com o sacrifício do coração, a sua participação na revelação da misericórdia divina. Este seu sacrifício está intimamente ligado à Cruz do seu Filho, aos pés da qual ela haveria de encontrar-se no Calvário. [...] É a participação na revelação que se realizou definitivamente mediante a Cruz. Ninguém jamais experimentou, como a Mãe do Crucificado, o mistério da Cruz, o impressionante encontro da transcendente justiça divina com o amor, o "ósculo" dado pela misericórdia à justiça [cf. Sl 85(84),11].

[...] Maria, portanto, é aquela que conhece mais profundamente o mistério da misericórdia divina. Conhece o seu preço e sabe quanto é elevado. Neste sentido chamamos-lhe Mãe da misericórdia, Nossa Senhora da Misericórdia, ou Mãe da divina misericórdia. [...] Tais títulos dizem-nos também que ela, através da participação escondida e, ao mesmo tempo, incomparável na missão messiânica de seu Filho, foi chamada de modo especial para tornar próximo dos homens o amor que o Filho tinha vindo revelar: amor que encontra a sua mais concreta manifestação para com os que sofrem, os pobres, os que estão privados de liberdade, os cegos, os oprimidos e os pecadores, conforme Cristo explicou referindo-se à profecia de Isaías, ao falar na sinagoga de Nazaré (cf. Lc 4,18) e, depois, ao responder à pergunta dos enviados de João Batista (cf. Lc 7,22). É este um dos grandes e vivificantes mistérios do Cristianismo, mistério muito intimamente ligado ao mistério da Encarnação.

Esta maternidade de Maria na economia da graça — como se exprime o Concílio Vaticano II — perdura sem interrupção, a partir do consentimento que fielmente deu na anunciação e que manteve inabalável junto à cruz, até a consumação eterna de todos os eleitos. De fato, depois de elevada ao céu, não abandonou esta missão salvadora, mas, com a sua multiforme intercessão, continua a alcançar-nos os dons da salvação eterna. Cuida, com amor materno, dos irmãos de seu Filho, que, entre perigos e angústias, caminham ainda na terra até chegarem à Pátria bem-aventurada (*Lumen Gentium* 62).

No final de sua encíclica *Veritatis Splendor* (6 de agosto de 1993), o Papa João Paulo II escreve um outro precioso texto sobre Maria, Mãe de Misericórdia. Eis alguns parágrafos:

Maria é Mãe de Misericórdia porque Jesus Cristo, seu Filho, é o enviado pelo Pai como revelação da Misericórdia de Deus (cf. Jo 3,16-18). Ele não veio para condenar, mas para perdoar, para dar abundantemente sua misericórdia (cf. Mt 9,13). E a misericórdia maior se encontra no fato de ele estar entre nós e no chamado, que nos fez, para encontrá-lo e proclamá-lo, junto com Pedro, como "o Filho do Deus vivo" (cf. Mt 16,16). Nenhum pecado humano pode eliminar a misericórdia de Deus nem impedi-lo de atuar de forma vitoriosa, desde que o invoquemos. Ainda mais que isso, o próprio pecado faz resplandecer com maior força o amor do Pai que, para resgatar o escravo, sacrificou seu próprio Filho: sua misericórdia para conosco é redenção. [...] Mediante o dom da vida nova, Jesus nos faz partícipes de seu amor e nos conduz ao Pai no Espírito.
Maria é também Mãe de Misericórdia porque Jesus lhe confia sua Igreja e toda a humanidade [...]. E, assim, Maria se converte na Mãe que nos alcança a misericórdia divina. [...] Acolhendo e meditando em seu coração acontecimentos que nem sempre pode compreender (cf. Lc 2,19), ela se converte no modelo de todos aqueles que escutam a Palavra de Deus e a colocam em prática (cf. Lc 11,28) e, por isso, merece o título de "Sede da Sabedoria", que é o próprio Jesus Cristo, o Verbo eterno de Deus, que revela e cumpre perfeitamente a vontade do Pai (cf. Hb 10,5-10). E Maria convida todo ser humano a acolher esta Sabedoria. E ela nos dirige, também, a mesma ordem dada aos servos em Caná da Galileia durante o banquete de núpcias: "Façam o que ele lhes disser!" (Jo 2,5).

d) Santa Faustina Kowalska. Concluo esta pequena amostra da riqueza imensa de Maria, Mãe de Misericórdia, recordando a contribuição dada por Santa Maria Faustina Kowalska (25/8/1905-05/10/1938), cujo nome de batismo era Helena Kowalska. Ela foi canonizada pelo Papa João Paulo II no dia 30 de abril de 2000. Faustina recebeu, em suas visões espirituais, por vários anos, mensagens de Maria, Mãe de Misericórdia, as quais se encontram em seu *Diário: a Divina Misericórdia em minha alma*. Cito apenas uma passagem desse *Diário*, na qual Maria conversa com seu Filho Jesus. Escreve Irmã Faustina:

> [...] Eu estava ocupada em conversar com o Menino Jesus, que desceu dos braços de Nossa Senhora e aproximou-se de mim. Não me cansava de admirar a sua beleza. Ouvi, depois, algumas palavras que Nossa Senhora lhe dizia, mas não ouvi tudo, e são as seguintes: "Não sou apenas a Rainha do Céu, mas também a Mãe de Misericórdia e tua Mãe" (D. 330).

Oração

Convido você a orar com o Papa João Paulo II estas palavras a Maria que ele colocou no final de sua encíclica *Veritatis Splendor*:

> Ó Maria, Mãe de misericórdia, velai sobre todos
> para não se desvirtuar a Cruz de Cristo,
> para que o homem não se extravie do caminho do bem,
> nem perca a consciência do pecado,
> mas cresça na esperança em Deus "rico de misericórdia" (Ef 2,4),
> cumpra livremente as boas obras,
> por ele de antemão preparadas (cf. Ef 2,10)
> e toda a sua vida seja assim "para louvor da sua glória" (Ef 1,12).

CAPÍTULO 7

PAULO E O AMOR MISERICORDIOSO DE DEUS

Herança de Congregação

Não foi fácil encurtar o capítulo anterior, já que os Evangelhos trazem muita riqueza para o tema da misericórdia. Para este novo capítulo, senti necessidade de refletir um pouco sobre a misericórdia segundo Paulo apóstolo. Tenho três motivações para tal escolha: o tema misericórdia; a influência do fundador do instituto religioso a que pertenço, São João Batista de La Salle: em seus escritos, ele dá especial ênfase a São Paulo e, portanto, minha formação foi marcada por este apóstolo; e minha missão de catequista, ministro da Palavra, requer abeberar-me nos escritos paulinos e tentar imitar a paixão do apóstolo por Jesus Cristo e pela missão de evangelizar.

E houve um Ano Paulino

Começo com uma alusão ao ano dedicado a São Paulo, de 29 de junho de 2008 a 29 de junho de 2009. Foi uma feliz iniciativa do Papa Bento XVI para a comemoração dos 2000 anos do nascimento do Apóstolo das Gentes. Recordo-me que aproveitei aquela preciosa oportunidade para um reestudo da vida, missão e escrito desse apóstolo. Afinal, ele é um dos principais responsáveis pela expansão do Cristianismo no mundo greco-latino a partir do ano 45 depois do nascimento de Jesus.[1]

Cito um trecho da homilia do Papa Bento XVI na abertura do referido Ano Paulino:

> Serão promovidos congressos de estudos e especiais publicações sobre os textos paulinos, a fim de fazer conhecer cada vez mais a imensa riqueza do ensinamento contido neles, verdadeiro patrimônio da humanidade redimida por Cristo. No mundo inteiro, iniciativas semelhantes poderão ser realizadas nas dioceses, nos santuários, nos lugares de culto, por parte de instituições religiosas, de estudo ou de assistência, que têm o nome de São Paulo ou que se inspiram na sua figura e no seu ensinamento.

São Paulo e a misericórdia

Mergulhei nas Cartas de Paulo e nos Atos dos Apóstolos. Li alguns tratados importantes sobre ele e seus escritos e retomei os preciosos ensinamentos de São João Batista de La Salle. Nas *Meditações* que escreveu, nos inícios do século XVIII, para o retiro anual dos professores

---

[1] Isso se seguirmos a datação do calendário ocidental, realizada por Dionysius Exiguus (o Exíguo, ou o Pequeno, ou o Párvulo), que viveu entre 470 e 544 d.C. Mais tarde se descobriu que ele havia errado de quatro a seis anos a possível data do nascimento de Jesus. Portanto, o início do primeiro século depois de Jesus Cristo devia ser marcado para quatro ou seis anos antes da data fixada por Dionísio. Mas isso não é mais possível mudar...

cristãos, La Salle ensina que o educador cristão é, a partir dos ensinamentos paulinos, "ministro, embaixador e representante de Jesus Cristo" diante de seus alunos. Para La Salle, o educador por excelência é o Mestre dos mestres, Jesus, e o educador cristão é enviado por Jesus como ministro dele para esta delicada, preciosa e fundamental missão de educar.[2]

O fio condutor da mensagem de São Paulo é o Projeto de Salvação gratuito, que Deus, por puro amor, tem para a humanidade e para todo o cosmos. Este plano foi revelado paulatinamente ao longo da história do Povo de Deus (cf. 1Cor 2,7; cf. 2Cor 1,3; Rm 15,6) e alcançou a sua plenitude em e por Jesus Cristo, o próprio Filho unigênito do Pai, encarnado na história humana por meio de Maria. O amor de Deus chegou de tal modo às raias da loucura que Deus nos enviou seu Filho divino para educar-nos em seu amor, plantar as sementes de um mundo novo, e, para isso, como fruto de sua coerência de vida e de seus ensinamentos, Jesus foi incompreendido, perseguido, preso, torturado, padecendo morte, e morte cruel, numa cruz.

Daí resultou a nossa salvação, isto é, a reconciliação da humanidade com Deus, abrindo-nos as portas para o relacionamento filial, livre, confiante, generoso com Deus Pai, por meio da filiação divina de Jesus e para a fraternidade entre todos os seres humanos, em Jesus nosso Irmão e, também, para a relação fraternal e responsável com a natureza, obra generosa do amor misericordioso de Deus para o nosso bem e o de todos os seres vivos.

---

[2] LA SALLE, João Batista de. Meditações para o tempo de retiro (MR) n. 193 a 208. Cf. *Obras Completas de La Salle*. Canoas: Ed. Unilasalle, 2012. Vol. II-B, a cargo de Irmão Edgar Hongemülle.

Outra consequência da vida, ensinamentos e missão de Jesus foi e é a loucura da pregação do Evangelho, no dizer do próprio São Paulo em 1Cor 1,21, isto é, anunciar em tempo oportuno e inoportuno (cf. 2Tm 4,2), e apesar das perseguições, a boa-notícia da Salvação, isto é, o próprio Jesus Cristo, morto, crucificado e ressuscitado.

São Paulo resume assim, na Carta aos Romanos, a nossa relação pessoal, filial, comunitária e missionária com nosso Deus-Amor, o Pai de nosso Senhor Jesus, e que o próprio Jesus nos dá como nosso Pai:

> Que o amor de vocês seja sem fingimento. Detestem o mal e apeguem-se ao bem. Amem-se uns aos outros com carinho de irmãos, cada um considerando os outros como mais dignos de estima. Sirvam ao Senhor, incansáveis no zelo, fervorosos no espírito, alegres na esperança, perseverantes na tribulação, constantes na oração, solidários com as necessidades dos santos, praticando a hospitalidade. Abençoem os que perseguem a vocês, abençoem e não amaldiçoem. Alegrem-se com os que se alegram, chorem com os que choram. Tenham os mesmos sentimentos uns pelos outros, sem pretensões de grandeza, mas fazendo caminho com os oprimidos. Não se considerem sábios a si mesmos. Não retribuam a ninguém o mal com o mal. Se possível, no que depender de vocês, vivam em paz com todos. Não se vinguem, caríssimos, mas deem lugar à ira de Deus. Pois está escrito: "A mim é que pertence a vingança, eu é que retribuirei", diz o Senhor. Ao contrário, se o seu inimigo tiver fome, dê-lhe de comer; se tiver sede, dê-lhe de beber. Agindo assim, você estará acumulando brasas por sobre a cabeça dele. Não se deixem vencer pelo mal, mas vença o mal com o bem (Rm 12,9-21).

Nesse riquíssimo texto, Paulo nos revela o amor misericordioso de Deus e nos convoca para sermos amor e misericórdia como o próprio Deus é. A sua teologia, um verdadeiro milagre nas condições em que Paulo viveu, focaliza constantemente a riqueza do amor de Deus para com a humanidade. E Paulo escreveu a partir do dom especial a ele concedido no encontro pessoal com o Filho unigênito de Deus, Jesus Cristo. Desse encontro resultou sua conversão e a iluminação interior extraordinária, que lhe fecundou e avivou o coração, a mente, toda a sua vida, a tal ponto que ele passou a ser inteiramente consagrado e, de modo apaixonado, a Jesus Cristo e à cooperação, com ele, na extensão do Reino de Deus, que o Salvador veio estabelecer no mundo.

Algumas vezes ele retoma, em seus escritos, este momento-chave de seu encontro pessoal com Jesus e de sua conversão. Ele é apóstolo por pura misericórdia de Deus e, por isso, no início de sua Primeira Carta a Timóteo, entre os bons votos que almeja para este seu amigo e filho espiritual, está a misericórdia:

> Paulo, apóstolo de Cristo Jesus, por ordem de Deus, nosso Salvador, e de Cristo Jesus, a nossa esperança, a Timóteo, meu verdadeiro filho na fé: graça, misericórdia e paz da parte de Deus Pai e de Cristo Jesus, nosso Senhor (1Tm 1,1-2).

Nascido em uma família judia proveniente de Tarso, hoje na Turquia, ele recebeu o nome de Saulo ou Saul, que depois foi latinizado para Paulus (Paulo). Estudou com o famoso rabino Gamaliel para ser rabino. Possuído, como fervoroso judeu, por um indomável zelo para evitar o aumento do grupo dos que seguiam Jesus Cristo e que ameaçava dividir a religião de Moisés, Saulo recebeu autorização dos líderes religiosos para perseguir e encarcerar os discípulos do Senhor Jesus (cf. At 9,2). Com essa intenção, dirigiu-se a Damasco. Enquanto para lá viajava, pôs-se a meditar sobre tudo o que aprendera dos livros sagrados. Mas dessa vez algo novo estava acontecendo com ele. Paulo foi percebendo, por uma luz interior deslumbrante, o que, nas Sagradas Escrituras, havia de anúncio da vinda do Messias. Vinham-lhe com insistência alguns textos aos quais não tinha dado atenção e que, por assim dizer, de modo quase automático, traziam à sua mente e ao seu coração o que escutara falar de Jesus. A sensação de que esse mesmo Jesus estava, por assim dizer, retratado nas Sagradas Escrituras que ele tanto amava e pregava o impressionou tanto que caiu de joelhos e teve de ser levantado e conduzido por seus companheiros até Damasco (cf. At 9,4).

Um fenômeno inexplicável o fez *ver*, a partir de seus conhecimentos da Bíblia dos judeus, quem era Jesus e ter com ele um *encontro*, também inexplicável, ali mesmo, no caminho para Damasco. Junto com esse encontro, descobriu que, ao perseguir os seguidores de Jesus, automaticamente estava perseguindo o próprio Jesus (cf. At 9,4). Paulo se viu num furacão de perguntas. Jesus se limitou a dizer-lhe para entrar na cidade de Damasco. Lá o estava esperando Ananias, que o ajudaria a *ver* quem de fato era Jesus e o iniciaria na aventura de ser um discípulo-missionário especial, um vaso escolhido e precioso, um comunicador privilegiado, totalmente à disposição de Deus. E assim aconteceu. Paulo se entregou por completo à missão de levar Jesus aonde pudesse chegar (At 9,15), no desejo de anunciá-lo aos mais longínquos recantos do mundo então conhecido.

E, de fato, Paulo empreendeu longas e perigosas viagens, em grande parte a pé, a cavalo e de barco, percorrendo vários países da Ásia Menor. Preso, foi levado para Roma. Em suas longas viagens ele anunciou o Evangelho e organizou comunidades cristãs, enfrentou fortes e frequentes discussões com seus irmãos judeus, com filósofos e religiosos gregos e com seus irmãos cristãos, para os quais a proposta de Jesus era apenas para os judeus e não para os pagãos. Pediu uma reunião com Pedro para que isso fosse definitivamente resolvido, o que aconteceu no que, depois, foi denominado *Concílio de Jerusalém* (At 15). Com a acolhida generosa de Jesus pelos chamados, na época, *pagãos*, Paulo se convenceu de que Deus não faz distinção entre as pessoas (cf. Rm 3,22) e que em Jesus Cristo, e por meio dele, tudo mudou:

> Por acaso Deus é Deus só dos judeus? Não é também das nações? Sim, também das nações, pois há somente um Deus (Rm 3,29-30).
> Todos vocês são filhos de Deus por meio da fé em Jesus Cristo. Todos vocês que foram batizados em Cristo, se revestiram de Cristo. Não há judeu nem grego, não há escravo nem livre, não há homem nem mulher, pois todos vocês são um só em Cristo Jesus. E se vocês são um em Cristo, são descendentes de Abraão, herdeiros conforme a promessa (Gl 3,26-29).

Por onde passava, Paulo se entregava por inteiro ao anúncio de Jesus Cristo, acolhia os que o aceitavam e com eles criava e dinamizava comunidades de discípulos-

-missionários de Jesus. Continuava sua viagem e escrevia cartas para animar as comunidades à fidelidade, à perseverança e à missão de crescer, se fortalecer e produzir frutos para a glória do Senhor. Mesmo impulsionado para ir a outras cidades, uma ou outra vez revisitava aquelas comunidades ou enviava-lhes representantes seus.

Ele sempre reconheceu, agradecido, o olhar misericordioso de Deus voltado para ele e a ação de compaixão do Filho de Deus, que o perdoou de seus muitos pecados, o escolheu e redirecionou, completamente, a sua vida. Paulo desejava que acontecesse com as pessoas que Deus colocava em seu caminho de apóstolo aquela experiência impactante e transformadora que vivenciou a partir do encontro com Jesus. E, fazendo essa leitura em relação aos convertidos, ele lhes escrevia:

> Vocês estavam mortos por causa das faltas e pecados que cometiam. No passado, vocês viviam nessas faltas e pecados, seguindo o modo de pensar deste mundo, seguindo o príncipe do poder dos ares, o espírito que agora age nos filhos da desobediência. Entre eles também nós andávamos outrora, nos desejos da nossa carne, fazendo as vontades da carne e seus impulsos. E, como os demais, éramos por natureza filhos da ira. Deus, porém, sendo rico em misericórdia, pelo grande amor com que nos amou deu-nos a vida, juntamente com Cristo, quando estávamos mortos em nossas faltas. Vocês foram salvos pela graça... pela sua bondade para conosco em Cristo Jesus (Ef 2,1-7).

Recordando aquele seu encontro privilegiado com Jesus, Paulo, ao escrever sua Primeira Carta a Timóteo, confiante, abriu ao amigo seu coração para contar-lhe as maravilhas que Deus fez com ele e por meio dele, por pura bondade, superando todos os seus pecados. Ele tem plena convicção de que Jesus o chamou, o ungiu e o enviou para cooperar com ele em sua missão salvífica:

> Dou graças àquele que me fortaleceu, Jesus Cristo, nosso Senhor, que me considerou digno de confiança e me tomou para o seu serviço, eu que antes era blasfemador, perseguidor e insolente. Mas encontrei misericórdia, porque, sem fé, eu não sabia o que estava fazendo. A graça de nosso Senhor veio em grande abundância para mim, com a fé e o amor que há em Cristo Jesus (1Tm 1,12-14).

Convicto do milagre da misericórdia de Deus em sua vida, Paulo considera, também, que o que aconteceu com ele é estímulo para os pecadores que se convertem:

> Cristo Jesus veio ao mundo para salvar os pecadores, dos quais eu sou o primeiro. Mas por isso mesmo é que encontrei misericórdia, para que Jesus pudesse mostrar, começando por mim, toda a sua generosidade. E, isso também, como exemplo para os que depois iriam acreditar nele, a fim de terem a vida eterna (1Tm 1,15-16).

Depois que aprendeu o novo mandamento de Jesus, o amor, Paulo constantemente insistia com os convertidos sobre este sinal pelo qual as pessoas reconheceriam que eles eram discípulos-missionários de Jesus Cristo (cf. Jo 13,34-35), portanto, que todos deviam viver intensamente, segundo Jesus, o amor, a irmandade, a fraternidade, a solidariedade, a justiça, a paz. E um dos frutos de sua meditação sobre o novo mandamento resultou no rico e belo hino ao amor-caridade, amor-misericórdia, que se encontra em sua Primeira Carta aos cristãos da cidade de Corinto:

> [...] se eu não tenho amor, nada me adianta. O amor é paciente, prestativo, não é invejoso, não se vangloria e não se incha de orgulho. O amor não falta com o respeito, não é interesseiro, não se irrita e não planeja o mal. O amor não se alegra com a injustiça, mas se alegra com a verdade. Tudo desculpa, tudo crê, tudo espera, tudo suporta. O amor nunca acabará. As profecias desaparecerão, as línguas cessarão, o conhecimento desaparecerá. Pois conhecemos em parte e profetizamos em parte. Mas, quando chegar a perfeição, o que é parcial desaparecerá [...]. Agora permanecem a fé, a esperança e o amor, essas três coisas. A maior delas é o amor (1Cor 1,4-13).
>
> Todos nós, judeus e gregos, escravos e livres, fomos batizados num só Espírito, para sermos um só corpo e todos bebemos de um só Espírito (1Cor 12,13).

Para Paulo, Deus, no seu Plano Salvífico, quer que todos sejam salvos e cheguemos a conhecer a verdade (cf. 1Tm 2,4), que é ele mesmo. Para isso, depois de falar de muitos modos através dos profetas, resolveu falar nestes últimos tempos por meio de Jesus Cristo, como escreveu Lucas (cf. At 1,1-2). Escreve Paulo que o Filho de Deus, imolado como Cordeiro Pascal (1Cor 5,7), suportou tudo em favor dos seres humanos. Em Jesus, ensina Paulo, morte e ressurreição constituem um único e indissociável acontecimento salvífico (cf. Rm 4,25; 1Ts 4,14; 1Cor 15,12.20-21; 2Cor 5,14-15; 13,4; Rm 8,34). É essa entrega de Jesus que nos purifica totalmente e nos torna justificados para o Pai. Essa convicção de Paulo o leva a declarar:

Se Cristo não ressuscitou a fé que vocês têm não possui fundamento e vocês ainda estão em seus pecados. E se a nossa esperança em Cristo é somente para este mundo, somos os mais miseráveis de todos os seres humanos (1Cor 15,17.19).

Prosseguir

Há, sem dúvida, muito ainda a dizer sobre este tema. É evidente que São Paulo é pródigo em falar, em seus textos, sobre o amor, a caridade, a justiça, a paz, o perdão, a misericórdia. Fica a tarefa de continuar aprofundando a mensagem de seus escritos, sua teologia, espiritualidade, mística e entrega à evangelização, à animação da comunidade eclesial e à plena confiança no amor misericordioso de Deus para conosco, que deseja que cheguemos à verdade plena, que é ele mesmo. Para São Paulo, todo discípulo-missionário é um vaso escolhido e destinado por Jesus para ser *vaso de misericórdia* (cf. Rm 9,22-23) com a vida, a palavra, as relações humanas, o compromisso de construir um mundo justo, solidário e de paz para todos, especialmente os mais pobres. Evidentemente, agradecidos, mas na humildade, bem conscientes de que "temos este tesouro em vasos de barro, para que se veja que esse incomparável poder é de Deus, e não vem de nós" (2Cor 4,7), confiantes, também, e na certeza de que o mesmo Deus que, por pura misericórdia, nos escolheu e nos enviou, completará em nós a obra por ele começada (Fl 1,6).

CAPÍTULO 8

IGREJA MISERICORDIOSA E EM SAÍDA MISSIONÁRIA

A misericórdia é essencial à Igreja

O Papa Francisco, desde o começo de seu pontificado, em 2013, reiteradamente trata de cinco temas: a misericórdia divina, a missionariedade da Igreja, a opção pelos pobres, a renovação da família e a salvaguarda da natureza. Em sua homilia no segundo domingo de Páscoa de 2013, denominado "Domingo da Misericórdia", o Papa Francisco afirmou, na sua primeira celebração eucarística na Catedral da Diocese de Roma, a Basílica de São João de Latrão:

Como é grande e profundo o amor de Deus por nós! É um amor que não falha, que sempre agarra a nossa mão, nos sustenta, levanta e guia. No Evangelho de hoje, o apóstolo Tomé experimenta precisamente a misericórdia de Deus, que tem um rosto concreto: o de Jesus, de Jesus Ressuscitado. Tomé não se fia nos demais Apóstolos, quando lhe dizem: "Vimos o Senhor"; para ele, não é suficiente a promessa de Jesus que preanunciara: "ao terceiro dia ressuscitarei". Tomé quer ver, quer colocar a sua mão no sinal dos cravos e no peito. E qual é a reação de Jesus? A paciência. Jesus não abandona Tomé relutante na sua incredulidade; dá-lhe uma semana de tempo, não fecha a porta, espera. E Tomé acaba por reconhecer a sua própria pobreza, a sua pouca fé. "Meu Senhor e meu Deus!" Com esta invocação simples, mas cheia de fé, ele responde à paciência de Jesus. Deixa-se envolver pela misericórdia divina, que vê à sua frente, nas feridas das mãos e dos pés, no peito aberto, e readquire a confiança. É um homem novo, já não incrédulo, mas crente.

Deus é paciente conosco, porque nos ama; e quem ama compreende, espera, dá confiança, não abandona, não corta as pontes, sabe perdoar. Importante é a coragem de me entregar à misericórdia de Jesus, confiar na sua paciência, refugiar-me sempre nas feridas do seu amor. De que poderei eu gloriar-me, senão da minha fraqueza, da minha pobreza? É precisamente sentindo o meu pecado, olhando o meu pecado que posso ver e encontrar a misericórdia de Deus, o seu amor, e ir até ele para receber o seu perdão.

Amados irmãos e irmãs, deixemo-nos envolver pela misericórdia de Deus; confiemos na sua paciência, que sempre nos dá tempo; tenhamos a coragem de voltar para sua casa, habitar nas feridas do seu amor, deixando-nos amar por ele, encontrar a sua misericórdia nos Sacramentos. Sentiremos a sua ternura, sentiremos o seu abraço, e ficaremos nós também mais capazes de misericórdia, paciência, perdão e amor.[1]

Esta fé e confiança na misericórdia divina está levando o Papa Francisco a priorizar, em seu ministério petrino, uma profunda purificação e renovação da Igreja para que seja uma Igreja convertida e fiel a Jesus, Igreja dos pobres, Igreja misericordiosa e em saída. Seus gestos, sua atitude, seu modo de ser, viver e agir, e seu modo de exercer sua

---

[1] Cf. <http://misericordia.org.br/home/devocao/papa-francisco-e-a-divina--misericordia/3102-2/>.

missão, expressam, na sua simplicidade, a sua entrega sem limites ao Senhor, à sua Igreja e para o bem de humanidade. Ele quer a renovação da Igreja, no mundo e para o mundo, para que, em si e para o mundo, seja Igreja "como sacramento ou sinal e como instrumento da íntima união com Deus e da unidade de todo o gênero humano" (cf. LG 1). Ele sonha com uma Igreja compassiva e misericordiosa com todos, a serviço da justiça, dos Direitos Humanos, da paz, encarnando-se na história, inculturando-se. Como pede a constituição pastoral do Concílio Vaticano II *A Igreja no mundo atual*, n. 1:

> As alegrias e as esperanças, as tristezas e as angústias dos homens de hoje, sobretudo dos pobres e de todos aqueles que sofrem, são também as alegrias e as esperanças, as tristezas e as angústias dos discípulos de Cristo; e não há realidade alguma verdadeiramente humana que não encontre eco no seu coração. Porque a sua comunidade é formada por pessoas, que, reunidas em Cristo, são guiadas pelo Espírito Santo na sua peregrinação em demanda do reino do Pai, e receberam a mensagem da salvação para a comunicar a todos. Por este motivo, a Igreja sente-se real e intimamente ligada ao gênero humano e à sua história.[2]

Em uma de suas mensagens aos bispos da América Latina durante a Jornada Mundial da Juventude no Rio de Janeiro, em junho de 2013, o Papa Francisco fez a seguinte declaração, que a todos chamou a atenção pela novidade da linguagem, mas, especialmente, por um forte impulso para a renovação da Igreja, por meio do exercício da misericórdia:

---

[2] CONCÍLIO VATICANO II. *Gaudium et Spes*. Sobre a Igreja no mundo de hoje. In: *Compêndio do Vaticano II*. Petrópolis: Vozes, 2000.

A Igreja gera, amamenta, faz crescer, corrige, alimenta, conduz pela mão... Mas faz falta ser uma Igreja capaz de redescobrir as entranhas maternas da misericórdia. Sem a misericórdia, temos hoje poucas possibilidades de nos inserir em um mundo de "feridos", que têm necessidade de compreensão, de perdão, de amor. Num hospital de campanha a emergência é curar as feridas. Eu gostaria que hoje nos perguntássemos todos: Somos ainda uma Igreja capaz de aquecer o coração?[3]

Redimensionando a missão da Igreja, para que se efetive nela, da melhor forma possível, o projeto de Jesus, relembrado pelo Concílio Vaticano II, o Papa Francisco, na bula pontifícia *Misericordiae Vultus* (*O rosto da misericórdia*), n. 25, a todos convida para uma profunda conversão, para que a própria Igreja se torne, à imagem de Jesus, também ela, rosto da misericórdia de Deus:

[...] que a Igreja se faça eco da Palavra de Deus que ressoa, forte e convincente, como uma palavra e um gesto de perdão, apoio, ajuda, amor. Que ela nunca se canse de oferecer misericórdia e seja sempre paciente a confortar e perdoar. Que a Igreja se faça voz de cada homem e mulher e repita com confiança e sem cessar: "Lembra-te, Senhor, da tua misericórdia e do teu amor, pois eles existem desde sempre" (Sl 25[24],6). [...] Ser Igreja significa ser Povo de Deus, de acordo com o grande projeto de amor do Pai. Isto implica ser o fermento de Deus no meio da humanidade; quer dizer anunciar e levar a salvação de Deus a este nosso mundo, que muitas vezes se sente perdido, necessitado de ter respostas que encorajem, deem esperança e novo vigor para o caminho. A Igreja deve

---

[3] Cf. MERCIER, Jean. A encíclica oculta de Francisco no Rio. Revista *La Vie*, Paris, France, 2013. O artigo foi traduzido para o português pela Universidade Unisinos, São Leopoldo, na revista *IHU* de 9 de agosto de 2013.

ser o lugar da misericórdia gratuita, onde todos possam sentir-se acolhidos, amados, perdoados e animados a viverem segundo a vida boa do Evangelho (EG 114).

Uma Igreja em conversão e missionária

Na sua primeira exortação apostólica, a *Evangelii Gaudium* (*A alegria do Evangelho*), de 24 de novembro de 2013, o Papa Francisco apresenta, por assim dizer, os rumos de seu pontificado, e diz que:

> [...] fiel ao modelo do Mestre, é vital que hoje a Igreja saia para anunciar o Evangelho a todos, em todos os lugares, em todas as ocasiões, sem demora, sem repugnâncias e sem medo. A alegria do Evangelho é para todo o povo, não se pode excluir ninguém [...] (n. 23).

Como já havia afirmado o Papa Paulo VI, em 1975, na *Evangelii Nuntiandi*,[4] também para o Papa Francisco a razão de ser da Igreja é a missão de *evangelizar*. A atividade missionária representa o máximo desafio para a Igreja, é o paradigma de todo o seu ser e de toda a sua ação. É preciso, portanto, voltar às fontes, à pessoa de Jesus, seus gestos, seus ensinamentos. Ele é, em pessoa, o Evangelho de Deus, o primeiro e o maior evangelizador. Como ele quer que seus discípulos sejam evangelizados, ele nos deu o seguinte mandato missionário: "Ide, fazei discípulos meus em todas as nações" (cf. Mt 28,19-20). Sobre isso, escreve Francisco:

---

[4] PAULO VI. Exortação apostólica *Evangelii Nuntiandi*, sobre a evangelização no mundo contemporâneo. Disponível em: <http://w2.vatican.va/content/paul-vi/pt/apost_exhortations/documents/hf_p-vi_exh_19751208_evangelii-nuntiandi.html>.

Jesus Cristo pode romper também os esquemas enfadonhos em que pretendemos aprisioná-lo, e surpreender-nos com a sua constante criatividade divina. Sempre que procuramos voltar à fonte e recuperar o frescor original do Evangelho, despontam novas estradas, métodos criativos, outras formas de expressão, sinais mais eloquentes, palavras cheias de renovado significado para o mundo atual. Na realidade, toda a ação evangelizadora autêntica é sempre "nova" (EG 11).

Inspirando-se no *Documento de Aparecida* (2007), de cuja elaboração ele fez parte como coordenador, resgatando as grandes orientações do Concílio Vaticano II e dos papas que estiveram à frente da Igreja desde então, Francisco reitera que, para a Igreja ser efetivamente evangelizadora, é fundamental um processo de conversão de cada fiel e de todas as estruturas da Igreja:

> [...] os bispos latino-americanos afirmaram que "não podemos ficar tranquilos, em espera passiva, em nossos templos", sendo necessário passar "de uma pastoral de mera conservação para uma pastoral decididamente missionária". Esta tarefa continua a ser a fonte das maiores alegrias para a Igreja: "Haverá mais alegria no Céu por um só pecador que se converte, do que por noventa e nove justos que não necessitam de conversão" (Lc 15,7) (EG 15).
> Espero que todas as Comunidades se esforcem por usar os meios necessários para avançar no caminho de uma conversão pastoral e missionária, que não pode deixar as coisas como estão (EG 25).

Igreja misericordiosa e opção pelo pobres

Confesso que fiquei feliz e surpreso diante da ousadia (*parresía*), coragem e simplicidade com que o Papa

Francisco escreveu, na *Evangelii Gaudium*, n. 49, a respeito do que ele quer da Igreja, que, afinal, somos todos nós, batizados, fiéis e comprometidos discípulos-missionários de Jesus Cristo:

> [...] prefiro uma Igreja acidentada, ferida e enlameada por ter saído pelas estradas, a uma Igreja enferma pelo fechamento e a comodidade de se agarrar às próprias seguranças. Não quero uma Igreja preocupada com ser o centro, e que acaba presa num emaranhado de obsessões e procedimentos. Se alguma coisa nos deve santamente inquietar e preocupar a nossa consciência é que haja tantos irmãos nossos que vivem sem a força, a luz e a consolação da amizade com Jesus Cristo, sem uma comunidade de fé que os acolha, sem um horizonte de sentido e de vida. Mais do que o temor de falhar, espero que nos mova o medo de nos encerrarmos nas estruturas que nos dão uma falsa proteção, nas normas que nos transformam em juízes implacáveis, nos hábitos em que nos sentimos tranquilos, enquanto lá fora há uma multidão faminta e Jesus repete-nos sem cessar: "Dai-lhes vós mesmos de comer" (Mc 6,37).

É sabido que, durante anos, aconteceu na Igreja uma grande polêmica a respeito da "opção preferencial pelos pobres", que ainda não é aceita por muitos bispos, padres, pastoralistas, agentes de pastoral, movimentos. Vivenciei, em várias Assembleias da Conferência Nacional dos Bispos do Brasil, nas décadas de 1980 e 1990, momentos duros sobre o tema, especialmente quando da elaboração e aprovação do Objetivo Geral da Igreja, que sempre abria e continua abrindo as Diretrizes Gerais da Ação Evangelizadora da Igreja no Brasil.[5]

---

[5] Antes mais longo, o texto do referido Objetivo Geral está agora mais resumido, e leva em conta o *Documento de Aparecida* e as grandes linhas do ensi-

Eu já tinha ficado admirado e contente pelo modo como o *Catecismo da Igreja Católica* (CatIC), publicado em 1992, apresenta a opção pelos pobres. E ele havia sido elaborado durante o conflito envolvendo a Teologia da Libertação e a opção preferencial pelos pobres.

A miséria humana atraiu a compaixão de Cristo Salvador, que quis tomá-la sobre si e identificar-se com os "mais pequenos de entre os seus irmãos" (Mt 25,40-45). É por isso, os que se sentem acabrunhados por ela são objeto de um amor preferencial por parte da Igreja que, desde o princípio, apesar das falhas de muitos dos seus membros, nunca deixou de trabalhar por aliviá-los, defendê-los e libertá-los; fê-lo através de inúmeras obras de beneficência, que continuam indispensáveis, sempre e em toda a parte (CatIC 2448).

Uma outra surpresa para mim foi ouvir o próprio Papa Bento XVI – que, no período em que foi cardeal prefeito da Congregação da Doutrina da Fé, havia liderado a polêmica sobre a Teologia da Libertação, especialmente de 1984 a 1993 –,[6] afirmar, no discurso de abertura da

---

namento do Papa Francisco. Inclui a opção preferencial pelos pobres – até mesmo o acréscimo que ajudou a minimizar a polêmica "evangélica opção preferencial". Nas Diretrizes Gerais para os anos 2015-2019, o Objetivo Geral está assim redigido: "A partir de Jesus Cristo, na força do Espírito Santo, como Igreja discípula, missionária, profética e misericordiosa, alimentada pela Palavra de Deus e pela Eucaristia, à luz da evangélica opção preferencial pelos pobres, para que todos tenham vida, rumo ao Reino definitivo" (CNBB. *Diretrizes Gerais da Ação Evangelizadora da Igreja no Brasil, 2015-2019*. Brasília: Edições CNBB, 2015. Documentos da CNBB, n. 102, p. 7.

6   Ficaram para a história marcas dessa polêmica: os dois documentos da Congregação da Doutrina da Fé (*Libertatis Nuntius*, de 1984, e *Libertatis Conscientia*, de 1986), a polêmica com os teólogos da libertação, especialmente Leonardo Boff (1984 a 1990), a intervenção do Vaticano na Confederação Latino-americana de Religiosos (CLAR) de 1988 a 1994, no período em que eu mesmo era da diretoria da instituição. A outra intervenção foi

V Conferência Episcopal da América Latina e do Caribe, em Aparecida, Brasil, em maio de 2007, que:

> a opção pelos pobres está implícita na fé cristológica. A fé nos liberta do isolamento do eu e nos abre à comunhão no encontro com Deus em si e com os irmãos. Da fé brota nossa "responsabilidade em relação aos outros e aos demais". Neste sentido, a opção preferencial pelos pobres está implícita na fé cristológica, naquele Deus que se fez pobre por nós, para enriquecer-nos com sua pobreza.[7]

O Papa Francisco, proveniente da América Latina, em sua exortação apostólica *Evangelii Gaudium*, ao falar da necessidade do dinamismo missionário da Igreja, acentua a prioridade a ser dada aos pobres. Ele assume, de modo decisivo, e estende à toda a Igreja a opção preferencial pelos pobres, além de recomendar que "não devem subsistir dúvidas nem explicações que debilitem esta mensagem claríssima", que vem do próprio Senhor Jesus, que vem diretamente do Evangelho:

> Se a Igreja inteira assume este dinamismo missionário, há de chegar a todos, sem exceção. Mas a quem deveria privilegiar? Quando se lê o Evangelho, encontramos uma orientação muito clara: não tanto aos amigos e vizinhos ricos, mas sobretudo aos pobres e aos doentes, àqueles que muitas vezes são desprezados e esquecidos, "àqueles que não têm com que te retribuir" (Lc 14,14). Não devem subsistir dúvidas nem explicações que debilitem esta mensagem claríssima. Hoje

---

na IV Conferência Episcopal da América Latina e do Caribe, em 1992, em Santo Domingo, República Dominicana. Eu estava lá.

[7] Cf. a íntegra do referido discurso em: <http://ciberteologia.paulinas.org.br/ciberteologia/wp-content/uploads/2009/06/05odiscursoinauguraldo-papabentoxvi.pdf>.

e sempre, "os pobres são os destinatários privilegiados do Evangelho", e a evangelização dirigida gratuitamente a eles é sinal do Reino que Jesus veio trazer. Há que afirmar sem rodeios que existe um vínculo indissolúvel entre a nossa fé e os pobres. Não os deixemos jamais sozinhos! (EG 48).

Indo às causas que geram e fazem permanecer e se multiplicar os pobres no mundo, que são cada vez mais explorados e até mesmo descartados, o Papa Francisco coloca o dedo na chaga. Com vigor e coragem, denuncia o capitalismo e a ideologia de mercado, que têm em sua lógica interna e em seu mecanismo de sustentação e desenvolvimento a perversa consequência do enriquecimento cada vez maior dos já ricos, que são poucos, em detrimento dos pobres, cada vez mais pobres e em maior quantidade:

Assim como o mandamento "não matar" põe um limite claro para assegurar o valor da vida humana, assim também hoje devemos dizer "não a uma economia da exclusão e da desigualdade social". Esta economia mata. Não é possível que a morte por enregelamento de um idoso sem abrigo não seja notícia, enquanto o é a descida de dois pontos na Bolsa. Isto é exclusão. Não se pode tolerar mais o fato de se lançar comida no lixo, quando há pessoas que passam fome. Isto é desigualdade social. Hoje, tudo entra no jogo da competitividade e da lei do mais forte, onde o poderoso engole o mais fraco. Em consequência desta situação, grandes massas da população veem-se excluídas e marginalizadas: sem trabalho, sem perspectivas, num beco sem saída. O ser humano é considerado, em si mesmo, como um bem de consumo que se pode usar e depois lançar fora. Assim teve início a cultura do "descartável", que aliás chega a ser promovida. Já não se trata simplesmente do fenômeno de exploração e opressão, mas de uma realidade nova: com a exclusão, fere-se, na própria raiz, a pertença à sociedade onde se vive, pois quem vive nas favelas, na periferia ou sem poder já não está nela, mas fora. Os excluídos não são "explorados", mas resíduos, "sobras" (EG 53).

Igreja convertida, comprometida e alimentada por uma profunda espiritualidade da misericórdia

Para que o sonho e o projeto de uma Igreja em saída, missionária, tomada pela misericórdia, pela ousadia profética e pela preferencial opção pelos pobres se realize, Francisco coloca algumas medidas fundamentais. Para ele, sem dúvida, a conversão dos próprios católicos, tanto na dimensão pessoal quanto na dimensão comunitária e missionária, e a conversão das estruturas pastorais, são necessárias e urgentes. Como já toquei nessa temática anteriormente, aqui apenas a complemento:

> Através de todas as suas atividades, a paróquia incentiva e forma os seus membros para serem agentes da evangelização. É comunidade de comunidades, santuário onde os sedentos vão beber para continuarem a caminhar; é centro de constante envio missionário. Temos, porém, de reconhecer que o apelo à revisão e renovação das paróquias ainda não deu suficientemente fruto, tornando-se ainda mais próximas das pessoas, sendo âmbitos de viva comunhão e participação e orientando-se completamente para a missão (EG 28).

Francisco é muito incisivo, na *Evangelii Gaudium*, quanto à necessidade de a Igreja assumir de verdade o anúncio querigmático de Jesus Cristo, mas não apenas no discurso. A coerência da vida dos fiéis e dos membros da hierarquia é indispensável para tal anúncio. E essa coerência implica obrigatoriamente partir para a missão (*Igreja em saída*), partir para a ação misericordiosa em todos os sentidos. E nessa direção o papa se sente livre para dizer o que deve ser dito, em nome do Senhor, em nome do Evangelho, em nome dos necessitados, propondo um vigoroso compromisso social e missionário com profunda espiritualidade:

> [...] o Espírito Santo infunde a força para anunciar a novidade do Evangelho com ousadia (*parresia*), em voz alta e em todo o tempo e lugar, mesmo contracorrente (EG 259).
>
> Do ponto de vista da evangelização, não servem as propostas místicas desprovidas de um vigoroso compromisso social e missionário, nem os discursos e ações sociais e pastorais sem uma espiritualidade que transforme o coração. Estas propostas parciais e desagregadoras alcançam só pequenos grupos e não têm força de ampla penetração, porque mutilam o Evangelho. É preciso cultivar sempre um espaço interior que dê sentido cristão ao compromisso e à atividade. Sem momentos prolongados de adoração, de encontro orante com a Palavra, de diálogo sincero com o Senhor, as tarefas facilmente se esvaziam de significado, quebrantamo-nos com o cansaço e as dificuldades, e o ardor apaga-se. A Igreja não pode dispensar o pulmão da oração, e alegra-me imenso que se multipliquem, em todas as instituições eclesiais, os grupos de oração, de intercessão, de leitura orante da Palavra, as adorações perpétuas da Eucaristia. Ao mesmo tempo, há que rejeitar a tentação de uma espiritualidade intimista e individualista, que dificilmente se coaduna com as exigências da caridade, com a lógica da encarnação. Há o risco de que alguns momentos de oração se tornem uma desculpa para evitar dedicar a vida à missão, porque a privatização do esti-

lo de vida pode levar os cristãos a se refugiarem em alguma falsa espiritualidade (EG 262).

Para manter vivo o ardor missionário, é necessária uma decidida confiança no Espírito Santo, porque ele "vem em auxílio da nossa fraqueza" (Rm 8,26). Mas esta confiança generosa tem de ser alimentada e, para isso, precisamos de o invocar constantemente. Ele pode curar-nos de tudo o que nos faz esmorecer no compromisso missionário. É verdade que esta confiança no invisível pode causar-nos alguma vertigem: é como mergulhar num mar onde não sabemos o que vamos encontrar. Eu mesmo o experimentei tantas vezes. Mas não há maior liberdade do que a de se deixar conduzir pelo Espírito, renunciando a calcular e controlar tudo e permitindo que ele nos ilumine, guie, dirija e impulsione para onde ele quiser. O Espírito Santo bem sabe o que faz falta em cada época e em cada momento. A isto chama-se ser misteriosamente fecundos! (EG 280).

Há um estilo mariano na atividade evangelizadora da Igreja. Porque sempre que olhamos para Maria, voltamos a acreditar na força revolucionária da ternura e do afeto. Nela, vemos que a humildade e a ternura não são virtudes dos fracos, mas dos fortes, que não precisam de maltratar os outros para se sentir importantes. Fixando-a, descobrimos que aquela que louvava a Deus porque "derrubou os poderosos de seus tronos" e "aos ricos despediu de mãos vazias" (Lc 1,52-53) é a mesma que assegura o aconchego de um lar à nossa busca de justiça. E é a mesma também que conserva cuidadosamente "todas estas coisas ponderando-as no seu coração" (Lc 2,19). Maria sabe reconhecer os vestígios do Espírito de Deus tanto nos grandes acontecimentos como naqueles que parecem imperceptíveis. É contemplativa do mistério de Deus no mundo, na história e na vida diária de cada um e de todos. É a mulher orante e trabalhadora em Nazaré, mas é também nossa Senhora da prontidão, a que sai "à pressa" (Lc 1,39) da sua povoação para ir ajudar os outros. Esta dinâmica de justiça e ternura, de contemplação e de caminho para os outros faz dela um modelo eclesial para a evangelização. Pedimos-lhe que nos ajude, com a sua oração materna, para que a Igreja se torne uma casa para muitos, uma mãe para todos os povos, e torne possível o nascimento de um mundo novo. É o Ressuscitado que nos diz, com uma força que nos enche de imensa confiança e firmíssima esperança: "Eu renovo todas as coisas" (Ap 21,5). Com Maria, avançamos confiantes para esta promessa, [...] (EG 288).

CAPÍTULO 9

AS OBRAS DE MISERICÓRDIA

Misericordiosos como o Pai

Os bispos, congregados na V Conferência do Episcopado Latino-Americano e do Caribe, em Aparecida, 2007, tendo analisado a realidade da Igreja em nosso continente, decidiram fazer um forte chamado à conversão pessoal e à conversão pastoral. Na ocasião, o cardeal argentino Mário Bergoglio, que depois foi eleito papa com o nome Francisco, participou daquela grande assembleia. Nela ele exerceu a tarefa de coordenar a Comissão de Redação do Documento, que, depois, foi publicado como *Documento de Aparecida*.

Na sua nova missão de sucessor de São Pedro, Francisco assumiu, como parte de sua proposta de renovar a Igreja, o chamado à conversão pessoal de todos os católicos e à conversão da pastoral e das estruturas da pastoral. Essa convocação tem aparecido constantemente nos escritos e nas falas de Francisco, às vezes com expressões fortes, até mesmo em relação aos membros da hierarquia. Apenas um exemplo. No dia 22 de dezembro de 2014, no seu discurso de saudação de Natal aos altos funcionários da Cúria Romana, ele apresentou, de modo criativo, mas numa linguagem clara, contundente e dura, uma lista de "doenças" que afetam aquela instituição: Alzheimer espiritual, esquizofrenia existencial, cara fúnebre, rivalidade e vanglória etc.

Não há conversão sem que, junto com o encontro pessoal e comunitário com Jesus Cristo e, por ele, com a Santíssima Trindade, aconteça um assumir responsável e generoso da missão de evangelizar. E sabemos que evangelizar requer um coração cheio de misericórdia, sensível e proativo em relação aos sofredores, à opção pelos pobres, às situações de injustiça social, à educação em valores, à luta pela paz e pela salvaguarda da criação.

Vimos, em capítulos anteriores, que Jesus inclui, entre os vários critérios para sermos seus discípulos-missionários, a misericórdia: "Sede misericordiosos como vosso Pai do céu é misericordioso" (Lc 6,36). E, em suas pregações, como em Mt 9,13, ele recordava ao povo a pregação de Oseias: "Quero misericórdia e não sacrifícios" (6,6). Ele colocou a misericórdia como o ponto alto de seu Sermão da Montanha, ou Sermão das Bem-aventuranças, em Mt 5,7: "Bem-aventurados os misericordiosos, porque alcançarão misericórdia". E já refletimos, também, que ser misericordioso não é apenas dar esmola para minimizar as necessidades básicas (o que é, em si, importante), mas entrar na pele de quem sofre, assumir a necessidade dele, tanto material, física, como afetiva, psicológica, espiritual, ajudando-o a se libertar do estado ruim em que se encontra, para que caminhe com suas próprias pernas e, por sua vez, seja misericordioso com os outros.

As catorze obras de misericórdia

Um modo prático de ser misericordioso consiste em realizar as tradicionais catorze obras de misericórdia, que, já nos começos da Igreja cristã, os denominados Padres da Igreja conseguiram articular em duas categorias: as obras corporais ou materiais de misericórdia e as obras espirituais de misericórdia. O *Catecismo da Igreja Católica*, n. 2447, traz o elenco das obras de misericórdia, que, a seguir, resumidamente comentaremos:

> As obras de misericórdia são as ações caridosas pelas quais vamos em ajuda do nosso próximo, nas suas necessidades corporais e espirituais. Instruir, aconselhar, consolar, confortar, são obras de misericórdia espirituais, como perdoar e suportar com paciência. As obras de misericórdia corporais consistem nomeadamente em dar de comer a quem tem fome, albergar quem não tem teto, vestir os nus, visitar os doentes e os presos, sepultar os mortos. Entre estes gestos, a esmola dada aos pobres é um dos principais testemunhos da caridade fraterna e também uma prática de justiça que agrada a Deus.
> "Quem tem duas túnicas reparta com quem não tem nenhuma, e quem tem mantimentos, faça o mesmo" (Lc 3,11). "Dai antes de esmola do que possuis, e tudo para vós ficará limpo" (Lc 11,41). "Se um irmão ou uma irmã estiverem nus e precisarem do alimento quotidiano, e um de vós lhe disser: 'Ide em paz; tratai de vos aquecer e de matar a fome', mas não lhes der o que é necessário para o corpo, de que lhes aproveitará?" (Tg 2,15-16).

O mesmo apóstolo Tiago, no contexto do que citamos, ao exigir coerência de vida ao seguidor de Jesus, usa uma linguagem direta, exigente e dura, ao dizer que, além da oração, da liturgia, da devoção, é preciso ação:

Meus irmãos, se alguém diz que tem fé, mas não tem obras, do que lhe adianta isso? Por acaso a fé poderá salvá-lo? A fé, se não tem obras, está morta em si mesma. Assim como o corpo sem o sopro de vida está morto, assim a fé sem obras é morta (cf. Tg 2,14-26).

Por muito tempo predominou entre os cristãos uma fé devocional, intimista, burguesa, de grandes luxos nos templos, catedrais e santuários, de um espiritualismo desencarnado, alienado e alienante em relação à realidade humana de sofrimento, pobreza, doença, exploração, marginalização. Jesus Cristo foi perdendo cada vez mais sua realidade corpórea, palpável, sensível e de dor, passando a ser visto como Cristo Rei, vitorioso, nas nuvens, fora da realidade, portanto, sem cruz. A hierarquia e os leigos líderes se aliaram a reis e príncipes, passando a imitá-los no uso do poder e do dinheiro, com pompas e circunstâncias, para as quais arregimentavam servidores. Houve um histórico esquecimento do Jesus histórico, que se identificou e se identifica com os mais pobres, os pequenos e sofredores, e de que o seu reino, a partir do qual nos julgará, não é deste mundo, conforme a parábola do juízo final em Mt 25,31-46.

Mas o Jesus que veio nos salvar não nos salva sem que, da nossa parte, cooperemos, com a nossa liberdade, o nosso amor, a nossa generosidade e a nossa misericórdia. Portanto, sem fazer o que Jesus fez não é possível usufruir da salvação. Ora, o Filho unigênito do Pai, nascido de Maria, que poderia perfeitamente ser rico, dominador, vivendo como rei poderoso em palácios de luxo e cercado de pobres para servi-lo, se fez pobre, viveu empobrecido e servidor, passou fazendo o bem, entregou-se por amor mediante a pequenez de um pedaço de pão e de um cálice de vinho e, mais ainda, na extrema pequenez, humilhação e dor da morte, e morte de cruz. A coerência com ele exige, portanto, da nossa parte, a pequenez, o serviço e, obviamente, a opção preferencial pelos pobres e a realização da *misericórdia* e da *libertação*.

A misericórdia libertadora, essência da espiritualidade

O clamor de Deus se expressa, hoje, pelas situações dramáticas e, às vezes, trágicas do mundo contemporâneo, com a crescente onda de terrorismo, fanatismos diversos, violências, tráfico de pessoas, drogas e armas, desemprego e salários injustos, diversas formas de aliciamento da juventude para a irresponsabilidade pessoal e social; crescem no mundo as discriminações, as várias formas de desrespeito aos Direitos Humanos e a acelerada destruição do planeta Terra. Além disso, e como resultado de uma estratégia articulada, que recorre às hipnotizadoras técnicas de informação e comunicação, cresce e se difunde o estímulo à falta de ética e a ridicularização dos valores humanos perenes nas pessoas, nas famílias, nas relações humanas e na organização social, além da desconsideração da religião cristã, até mesmo com perseguição.

Entre nós, no Ocidente, a ideologia neoliberal capitalista de mercado domina, ideologia para a qual o dinheiro é o deus supremo, cada vez mais sedento e escravizador, com tentadoras promessas de paraíso, que ele tem absoluta certeza de oferecer em forma de poder, luxo e prazer. A tentação de muitos de nós, cristãos, em face de tanta maldade no mundo de hoje, é refugiarmo-nos num espiritualismo desencarnado, milagreiro, sentimentalista, fundamentalista, exótico, devocionista, manipulador de Jesus, do Espírito Santo, de Maria e dos santos, alienante e alienador do mundo de hoje.

Sabemos que este tipo de mundialização e globalização, que domina o mundo contemporâneo, pode facilmente causar medo crônico em muitos cristãos, seduzir a outros e, ainda, impulsionar outros a lutar pela restauração da Cristandade. A tudo isso precisamos, como discípulos-missionários de Jesus Cristo, oferecer um novo horizonte, por meio de gestos concretos e primaveris de um outro mundo possível, justo, solidário e de paz. E, assim como o Papa Paulo VI dizia, em sua encíclica *Populorum Progressio*, de março de 1967,[1] segundo as necessidades de seu tempo, que o novo nome da paz era desenvolvimento, hoje, certamente, o novo nome da paz é misericórdia libertadora.

A conversão pessoal, tão solicitada no *Documento de Aparecida* e nos ensinamentos do Papa Francisco, requer deixar que Deus tire de nós, como diz Ezequiel (cf. Ez 36,26-37), o nosso coração de pedra e no seu lugar coloque um coração de carne, capaz, a exemplo de Jesus, de sensibilidade, compaixão, misericórdia e ação libertado-

---

[1] PAULO VI. Encíclica *Populorum Progressio*. Sobre o desenvolvimento dos povos. Disponível em: <http://www.dhnet.org.br/direitos/anthist/marcos/edh_enciclica_populorum_progressio.pdf>.

ra; requer deixar, também, que Deus coloque em nós o seu Espírito, que nos faz viver segundo a sua santa vontade e nos mobiliza a agirmos no cumprimento do *amar a Deus sobre todas as coisas e ao próximo como Jesus nos ama*, dando preferência ao amor de libertação para com o pobre, o sofredor, o excluído.

CAPÍTULO 10

AS OBRAS DE MISERICÓRDIA CORPORAL

Certo dia, entrou em meu gabinete de coordenação de pastoral um dos meus jovens ex-alunos que havia sido líder dos Encontros de Jovens que realizávamos na Casa Abel de Eventos em Araruama, como equipes de apoio em Niterói. Com a colaboração da professora Lia Jannotti e de seu esposo, Colombo Carvalho. Usávamos nesses Encontros uma complexa e envolvente metodologia. O jovem, que iniciava seu curso universitário, sugeriu-me uma atividade de voluntariado apostólico para ex-alunos do Instituto Abel que haviam vivenciado os Encontros de Jovens. Nasceu, assim, aos poucos, o Voluntariado La Salle Ronda Fraterna, às sextas-feiras à noite, das 23 horas às 6 da manhã, com o objetivo de ajudar os mendigos da noite que moravam nas ruas de Niterói. Recordando, agradecido a Deus por aqueles anos de serviço aos mendigos, escrevo estas páginas sobre as sete obras de misericórdia corporal.

Dar de comer aos famintos

Eu tive fome e vocês me deram de comer (Mt 25,35).

Hoje, em pleno século XXI, é escandaloso o número dos que passam fome, pois a quinta parte da humanidade tem graves problemas de desnutrição. Basta consultar os dados estatísticos da FAO, o organismo da Nações Unidas (ONU) responsável por monitorar e estimular os governos e as organizações não governamentais (ONGs) a minimizarem ao máximo este gravíssimo e doloroso não cumprimento dos Direitos Humanos no que se refere ao atendimento de uma das necessidades básicas para a sobrevivência.

Recordo-me de quando a Conferência Nacional dos Bispos do Brasil (CNBB) estava mais sintonizada com os problemas sociais do País, nas décadas de 1970 a 1990. Ela promoveu, em 1985, uma Campanha da Fraternidade com o tema "Fraternidade e fome", e o lema "Pão para quem tem fome". Em 1993, Betinho, o sociólogo mineiro Herbert José de Souza (1935-1997), fundou a Ação da Cidadania, um programa nacional pela vida, contra a fome, a miséria, o desemprego, e pela democratização da terra.

Um outro movimento, liderado por muitos anos por Dom Mauro Morelli, primeiro bispo da Diocese de Caxias, Rio de Janeiro, e que já trabalhava em parceria com Betinho, criou força, suscitando muitas iniciativas articuladas pela "segurança alimentar". Dom Mauro foi membro do Comitê Permanente de Nutrição da ONU, presidente do Conselho Nacional de Segurança Alimentar e Nutricional (CONSEA), durante o governo de Itamar Franco, além de presidente do CONSEA-MG e do CONSEA-SP. Três anos depois da Campanha da Fraternidade de 1985, a constituinte incluiu, na Nova Constituição do Brasil, em 1988, em seu artigo 3, inciso III, como um dos "objetivos fundamentais da República Federativa do Brasil", "erradicar a pobreza e a marginalização e reduzir as desigualdades sociais e regionais". Por seu empenho e liderança na luta pela segurança alimentar, Dom Mauro foi agraciado, em dezembro de 2014, na celebração do Dia Internacional dos Direitos Humanos, com a Comenda Dom Helder Camara, concedida pelo Senado Federal. Antes, já havia sido homenageado, em 2005, por uma escola de samba de São Paulo, a Águia de Ouro: ele foi figura de destaque em um dos carros alegóricos.

Dar de comer a quem tem fome implica um compromisso sério de todos os cidadãos, e faz parte da opção de fé de quem aceita seguir Jesus. Entre os muitos compromissos possíveis, cito alguns: a) exigir dos governos políticas públicas adequadas para minimizar e acabar com a degradante situação de fome de milhares de pessoas; b) lutar pela agricultura familiar, pela alimentação saudável, pelo aleitamento materno por tempo necessário e razoável, pela eliminação de agrotóxicos e outros venenos que contaminam os alimentos e contra mosquitos transmissores de graves doenças; c) promover uma guerra sem trégua contra a corrupção política e econômica que tomou conta e enlameou profundamente o parlamento brasileiro, assim como várias empresas de grande porte, e contagiou diversas instituições sociais; d) agir decididamente para economizar alimento e água. Ser criativo para evitar o desperdício de alimentos, fazendo reúso da água e coletando água de chuva para várias utilidades, especialmente para o vaso sanitário e limpeza do chão, do pátio, da calçada e de carros; e) ser criativo, também, na economia de energia elétrica e no aproveitamento da tecnologia para produção sustentável de energia por meio de placas solares, sistema eólico e outros; d) cuidar do patrimônio público, do meio ambiente, da biodiversidade etc.

Quem segue Jesus de Nazaré é chamado a imitá-lo em sua sensibilidade e ação em favor dos famintos, como nos narram os Evangelhos. E o ter atendido ou não a necessidade do faminto fará parte das perguntas que Jesus nos fará quando ele mesmo, em momento oportuno, nos avaliará, conforme ensina a parábola do julgamento de Deus em Mt 25,31-46.

Dar de beber a quem tem sede

Eu tive sede e vocês me deram de beber (Mt 25,35).

Semelhante ao que acontece com a fome, há milhões de pessoas sem acesso à água potável e, ao mesmo tempo, há um gigantesco desperdício de água em muitas partes do mundo, além de um comércio injusto desse bem indispensável para a sobrevivência humana. Chega a dois milhões o número de pessoas que não têm condições de banho por falta de água. E a questão da falta de saneamento básico é um drama para muitas populações, acarretando vários tipos de doenças.

Todos sabemos, apenas para citar um caso, do drama da seca em boa parte do Brasil. No caso do Nordeste, a politicagem iniciou um trabalho de poços artesianos, tratamento de água e armazenamento em grandes tanques. Entretanto, a maior parte do que foi iniciado ficou sem continuidade e foi abandonado. Grande quantidade de tanques ou caixas d'água empilhadas se deteriorando, e de poços em fase de finalização, sem utilidade alguma. A corrupção política desviou muito dinheiro e decepcionou o povo sedento. Enquanto isso, a Cáritas, um dos organismos da Igreja Católica, já construiu, com o dinheiro da Campanha da Fraternidade e de outras campanhas de arrecadação, mais de dois mil poços e tanques, que conseguem atender uma parte da população.

No segundo semestre de 2015, a capital paulista e algumas outras capitais tiveram uma grande crise hídrica, deixando grande parte da população muito apreensiva. Houve muitas iniciativas para a economia de água e coleta de água de chuva, mas, infelizmente, muita gente não se preocupou. Além de medidas sérias por parte dos governos, é fundamental um processo educativo da população quanto à questão da água no planeta Terra, um bem escasso, em diminuição, e que onde ainda existe, é cada vez mais mal aproveitado e desperdiçado. Junto com a produção de alimentos e o cuidado deles, a produção da água potável e o cuidado dela será cada vez mais motivo de preocupação mundial, e mesmo objeto de conflito.

O que, a partir de nossa cidadania e de nossa fé, devemos fazer, pessoal e coletivamente, em favor da água potável de qualidade e suficiente para cada pessoa? Em favor das regiões carentes de água? Como economizar água, fazer o reúso adequado deste precioso líquido e coletar água de chuva, que com um tratamento básico serve para tantas necessidades? Junto com o mandato bíblico de "dar água a quem tem sede", é fundamental combater as causas de tanta injustiça social, entre as quais está a corrupção, que não permite aplicar o dinheiro do povo, coletado por meio de impostos e taxas, para prover, por exemplo, água suficiente e de boa qualidade para os necessitados. É preciso que o povo se engaje em lutas sociais por uma reorganização política e econômica de nossas cidades, estados e do País, para que as instituições públicas se coloquem efetivamente a serviço dos Direitos Humanos e das necessidades básicas de cada pessoa, particularmente nas regiões com maior escassez de água.

Essa obra de misericórdia corporal é incentivada pelo próprio Jesus, quando nos ensina: "Todo aquele que der, ainda que seja somente um copo de água fresca a um destes pequeninos, porque é meu discípulo, em verdade eu vos digo: não perderá sua recompensa" (Mt 10,42). Mas Jesus, conhecedor experiente do problema da sede, nos alerta que devemos também ser sedentos de justiça (cf. Mt 5,6), para podermos nos engajar na justiça social, na qual está incluída a luta pelo direito à água, ao alimento, ao ar, à saúde, ao emprego, à justiça salarial, à dignidade humana, para que seja reconhecida, preservada, protegida e promovida.

Dar abrigo aos peregrinos, aos pobres e a quem precisa

Eu era peregrino e vocês me acolheram (Mt 25,35).

Sabemos, pelos evangelistas, que Jesus foi peregrino e perambulava pelos caminhos, vilas e cidades da Palestina do seu tempo para ensinar a mensagem recebida do Pai, fazer o bem. Caminhava muito. Comia, bebia, descansava, usufruía do que o povo lhe oferecia. Dormia onde podia e alguns amigos lhe providenciavam pousada. São Paulo e quase todos os demais primeiros discípulos e missionários também eram peregrinos... Paulo era tipicamente um peregrino e confiava que os cristãos o receberiam em suas casas. Ele, porém, trabalhava para poder pagar o que necessitava. Algumas vezes teve de pagar alojamento. Em Roma, alugou uma casa para morar. O autor da Carta aos Hebreus valorizava a hospitalidade em nome do Senhor "Que o amor fraterno seja duradouro. Não se esqueçam da hospitalidade, porque graças a ela alguns, sem o saber, acolheram anjos" (Hb 13,1-2).

Quantas pessoas no mundo de hoje não têm teto? Quantos moradores de rua que não têm para onde ir, onde dormir, onde se abrigar? Quantos rios de dinheiro são gastos em mansões de luxo, enquanto tão pouco é feito para providenciar moradia para quem precisa... Quantos desabrigados, refugiados, imigrantes, perambulam a esmo, enfrentando mil perigos, barreiras e incompreensões, em busca de um lugar para sobreviver, sonhando com dias melhores para si, para suas famílias! Deus continua falando forte no fogo inextinguível da consciência, de modo ainda mais milagroso do que a sarça ardente de Moisés, motivando-nos à ação: "Vá. Eu envio você para libertar meu povo!" (cf. Ex 3,10); "Não tenha medo, pois eu estou com você!" (Is 41,10).

Durante décadas, milhares e milhares de escravos africanos foram trazidos para o Brasil, em viagens inimagináveis, cheias de sofrimentos, passando trabalhos terríveis. E quando aconteceu a chamada abolição da escravatura, em 1888, milhares de alemães e italianos foram trazidos para dar continuidade ao trabalho nas fazendas de café e para povoar regiões que corriam perigo de ser invadidas por países vizinhos. Depois vieram japoneses, poloneses, russos, e gente de muitos outros países. Mas os escravos, depois do fim da escravidão, não tiveram direito a nada e, mais ainda, não podiam ser contratados para trabalho algum, não tinham acesso à educação e à saúde... O clamor por causa da injustiça social nunca mais se calou...

Mais tarde, durante décadas, o Brasil viu quantidades de migrantes viajando em péssimas condições, saindo de várias partes do País, sobretudo do Nordeste, em busca de trabalho em São Paulo, depois em Brasília e em outras capitais. Acompanhamos, também, as enormes ondas de migrantes latino-americanos avançando mar adentro e através do México para chegar aos Estados Unidos, inclusive grupos de crianças. Agora, é enorme a quantidade de pessoas que arriscam a vida para entrar na Europa provenientes da África, da Síria e de outros países em guerra. A pobreza, a fome e a violência no Haiti empurram milhares de cidadãos a sair em busca de outro lugar, na esperança de melhores dias.

São muitas as iniciativas de diversas instituições, Igrejas e ONGs para ajudar na busca de soluções sustentáveis para a tão grave questão da falta de moradia para quem precisa. Nas cidades, há abrigos, sobretudo no inverno, para a população de sem-teto que ocupa as ruas. Os governos, apesar da corrupção visando dinheiro para fins próprios e para os partidos, e apesar da politicagem para ganhar votos, têm tomado algumas medidas no sentido de prover a população de casa própria. Mas, infelizmente, o projeto, em parte, é incompleto, pois uma grande parcela da população atendida não tem o suficiente preparo e acompanhamento para o bom aproveitamento da casa ou apartamento recebido mediante módico pagamento. Consequentemente, além da falta de cuidado, acontece descaso, depredação e, muitas vezes, venda ou aluguel, com finalidades escusas, daquele patrimônio.

Dar abrigo a quem necessita tem, hoje, outras graves e abrangentes exigências mais do que no passado. Não há apenas a *caridade assistencial*, sempre necessária em casos de urgência para atender urgências. Há também a *caridade promocional*, que ajuda a pessoa, a família, o grupo a encontrar criativamente meios para sair da situação de carência e caminhar com as próprias pernas para se libertar e conseguir condições dignas para uma vida de qualidade. E há, ainda, a *caridade político-social*, nem sempre valorizada, que trabalha as principais causas do empobrecimento e da piora do atendimento à saúde, à educação escolar, ao transporte e a outras necessidades do povo. Tais iniciativas tentam erradicar essas situações ruins e substituí-las por outras realmente a serviço do povo. A caridade político-social atua na modificação da má gestão dos gastos e investimentos públicos, da erradicação da corrupção política, econômica, social, cultural e religiosa que vicia grande parte da classe política e empresarial.

Vestir os nus

Eu estava nu e vocês me vestiram (Mt 25,36).

O corpo humano é digno, merece respeito e cuidados. Na verdade, não *temos* corpo, *somos* corpo. O próprio Filho de Deus assumiu a nossa corporeidade e zelou, em seu ministério, pela saúde física das pessoas, além da saúde psicológica, relacional e espiritual. São Paulo, em sua Primeira Carta aos cristãos de Corinto, capítulo 12, versículos 12 a 30, exalta a dignidade do corpo ao colocá-lo como referência para a própria realidade da comunidade de Jesus, a Igreja, corpo místico de Cristo. Em resumo: "Vocês são o Corpo de Cristo e cada um, em seu lugar, é membro e parte desse corpo" (v. 27).

É um absurdo a crueldade com que o corpo humano é tratado em muitas situações: aborto, abandono, fome, sede, violência em suas múltiplas formas e em todas as idades, discriminação, abusos, exploração, escravidão, violação etc. O tráfico de pessoas está associado ao bilionário comércio sexual e de órgãos. O corpo também não é respeitado em esportes violentos, em espetáculos que priorizam sua exibição sem recato e respeito, favorecendo a vaidade, a sensualidade, o comércio da beleza e a manipulação do corpo com o objetivo de atrair fregueses para a compra de produtos.

É um absurdo, também, de um lado, a anorexia e, de outro, a obesidade doentia; de um lado, a sensualidade mórbida e, de outro, a miséria que destrói o corpo; de um lado, o luxo corporal – e saltam aos olhos os milhões e milhões direcionados à moda, à vaidade no uso de roupas, sapatos, joias, cosméticos, desfiles de moda... – e, de outro, o desprezo, a discriminação, a violência, a pobreza e a exploração de pessoas por alguma situação referente ao corpo (mulheres, idosos, afrodescendentes, indígena, deficientes etc.).

O povo brasileiro com facilidade faz coleta de doações de roupa, sapatos, agasalhos, cobertores para os mais pobres. Muitas vezes há pessoas que aproveitam para limpar o armário de coisas velhas e mesmo já descartáveis. Mas há muita gente que, num gesto de generosidade, dá peças boas ou mesmo compra algo novo para colaborar, nessas campanhas, com algo realmente em bom estado e útil para quem precisa. São louváveis as iniciativas de confecção e coleta de enxoval de bebê para recém-nascidos de famílias carentes e, também, de coletas para abrigos, asilos, orfanatos e moradores de rua, prisões, casas de recuperação de viciados em droga. Cuidar para bem atender a quem precisa se vestir, algo obviamente fundamental, precisa ir além, para a batalha por emprego digno, políticas públicas adequadas, qualidade dos serviços para a saúde do povo, qualidade dos alimentos e educação em valores.

Socorrer os encarcerados

Eu estava na cadeia e vocês vieram me ver (Mt 25,36).

Olhando a realidade dos presídios, cadeias e casas de detenção no Brasil, com raríssimas exceções, o que se vê é uma situação estarrecedora. Se aquilo que a Campanha da Fraternidade de 1999 revelou já era assustador naquela época, hoje a situação piorou, e muito. Nos presídios, cadeias e casas de detenção os presos não apenas são maltratados por padecerem de um flagrante desrespeito aos Direitos Humanos, mas também porque esses ambientes propiciam um intensivo aprendizado de perversidade. Não há como uma pessoa se recuperar no atual modelo de prisão. Os mais frágeis são explorados e violentados pelos próprios companheiros de prisão, prepotentes e opressores. A mistura de presos de pouca periculosidade com bandidos reconhecidamente perversos é uma injustiça que clama aos céus.

Os presídios femininos, com aproximadamente 37 mil detentas, constituem um capítulo especial, no Brasil, porque em grande parte não se leva em conta a situação específica da mulher.[2] Além de violências de agentes penitenciários, geralmente há superlotação, alimentação inadequada ou estragada, falta de produtos de higiene pessoal, restrições a visitas íntimas e outras medidas até mesmo desumanas, por exemplo: nas fases de gestação e de amamentação. Falta atendimento a mulheres que passaram por cirurgia, como, por exemplo, cesariana, tendo como consequência sérias infecções. Em relação aos filhos, não há espaços adequados para eles, especialmente para os recém-nascidos, que necessitam da amamentação e da atenção constante das mães. Ocorre, também, que presas se sentem forçadas ou são obrigadas a recorrer a favores sexuais para obter drogas, visitas íntimas, perfumes, cosméticos, absorventes, roupas, sapatos etc.

O crescente uso de drogas tem gerado formação de quadrilhas de intimidadores violentos, que dominam favelas e bairros, na luta pelo domínio dos pontos de venda e distribuição das drogas. O sistema prisional não consegue impedir que, mesmo presos, os chefões do tráfico continuem exercendo o comando sobre seus comparsas,

---

[2] Cf. QUEIROZ, Nana. *Presos que menstruam*. Rio de Janeiro: Record, 2015. Cf. também: <http://oglobo.globo.com/sociedade/livro-revela-horror-das-prisoes-femininas-no-brasil-detentas-usam-miolo-de-pao-como-absorvente-1-16938557>.

ameaçando opositores, mandando assassinar os marcados para morrer. No mundo do crime organizado acontece, fácil e clandestinamente, o tráfico, a venda e o roubo de armas pesadas. Nesse ambiente deteriorado se dá a compra da influência de políticos, artistas, empresários, líderes religiosos, guardas de presídios, advogados e juízes.

A derrocada da ética, da moral e dos valores da família e da cidadania está empurrando muitas pessoas, e em grande quantidade jovens, para atos antissociais graves. A crise econômica vem deixando em desespero muita gente, que não encontra outra saída para sobreviver e atender às necessidades básicas das respectivas famílias senão roubar, assaltar, vender produtos pirateados, drogas. O uso da repressão não resolve o problema, pois enche cada vez mais os presídios e as casas específicas para jovens delinquentes. As prisões brasileiras estão abarrotadas, a maioria muito acima de sua capacidade, piorando e tornando complexa a situação. Mesmo assim, a quantidade de bandidos, nas ruas das cidades, nas estradas, ainda é grande, o que deixa a população na insegurança, no medo, e prisioneira em suas próprias casas e apartamentos, tentando se proteger com complicados e caros sistemas de alarme.

As Igrejas possuem vários tipos de iniciativas de atendimento educativo e religioso da população carcerária. Mas, vendo o tamanho dessa realidade, é pouco o que se faz. Há necessidade de promover e apoiar muito mais a Pastoral Carcerária. Devido à complexidade do mundo do cárcere, é preciso cuidar bem do preparo adequado dos voluntários e, também, providenciar para eles ajuda espiritual e psicológica. Como já aludimos, o "visitar e ajudar os presos" precisa envolver um corajoso e articulado movimento em favor de imprescindíveis políticas públicas, especialmente quanto ao cumprimento dos Direitos Humanos e ao trabalho de reeducação e ressocialização durante o tempo do cárcere e depois de a pena ter sido cumprida.

Visitar os enfermos

Eu estava doente e vocês foram me visitar (cf. Mt 25,36).

São muitas as passagens dos Evangelhos que narram Jesus acolhendo, socorrendo, curando pessoas com a saúde afetada. Dele temos muito a aprender e praticar. Basta recordar aqui a cura da sogra de Pedro, dos leprosos, dos possuídos por espíritos maus; o clamor da mãe estrangeira implorando a Jesus para curar sua filha doente; o pedido do oficial romano para que Jesus salvasse seu servo, que estava próximo da morte; a quantidade de doentes a ele levados quando de suas pregações. Jesus ressuscita uma menina, ressuscita o filho da viúva de Naim e mesmo o seu amigo Lázaro. Enfim, Jesus era realmente misericordioso com os que sofriam no corpo, na alma, na mente.

"Visitar os enfermos" é uma obra de misericórdia corporal que oferece importante oportunidade para voluntariado humanitário e, também, para trabalho apostólico, sempre dentro das normas existentes para cada caso. É de grande valor para um paciente, por exemplo, uma presença carinhosa junto dele, alguém que saiba ouvi-lo, que se interesse pela situação que está enfrentando e que, com delicadeza, mas somente após assentimento, possa transmitir-lhe uma mensagem de apoio, otimismo, autoconfiança, fazer uma oração. Há grupos, após contatos para saber da realidade e conseguir autorização, que ajudam como palhaços para descontrair os enfermos, crianças, adultos e idosos. Outros se prontificam para cantar, fazer leituras, jogar baralho, xadrez, damas, fazer palavras cruzadas etc. Há, ainda, os que fazem campanhas para compra de medicamentos que alguns enfermos não têm condições de adquirir e que, em casos especiais, acionaram o governo para fornecer tais medicamentos. Cresce o número de pessoas que se sentem rejeitadas pela família, que amarguram seus dias na solidão, necessitadas de atenção e carinho, e que constituem outras oportunidades para um serviço de voluntariado e de apostolado.

Mas é preciso, também, dar apoio e ajuda à família dos próprios pacientes, para que exerça sua responsabilidade e missão junto às pessoas doentes, enfermas, em situações de grande fragilidade, por questão de idade, de distúrbios psíquicos e somáticos. Tanto as instâncias de governo como também universidades, ONGs, instituições civis e religiosas devem ter programas de amparo às famílias que estão com entes queridos em situação precária de saúde. Esse é um campo fértil para a Pastoral da Visitação, a Pastoral dos Enfermos, a Pastoral da Terceira Idade e outras iniciativas apostólicas da Igreja. Nesse sentido, e em casos crônicos, diz o *Catecismo da Igreja Católica*, n. 2299, que cabe à Igreja, em sua missão evangelizadora e pastoral, dispensar aos moribundos toda a atenção e cuidado, para os ajudar a viver os últimos momentos com dignidade e paz. Devem ser ajudados pela oração dos que lhes são mais próximos. Estes velarão por que os doentes recebam, em tempo oportuno, os sacramentos que os preparam para o encontro com o Deus vivo.

É necessário, porém, ser realista. A situação dos doentes, dos enfermos e do atendimento a eles passa, no Brasil, por grave descaso do governo e da sociedade. Hospitais, maternidades, centros de tratamentos de pacientes de distúrbios mentais, pronto-socorros estão superlotados, com poucos médicos e enfermeiros, com falta de medicamentos e de materiais imprescindíveis para um bom tratamento. É frequente o noticiário revelar casos lamentáveis, e alguns até mesmo criminosos, por causa da precariedade do sistema de saúde sob a responsabilidade do poder público, mas também do abuso em relação aos preços de medicamentos e do que cobram médicos e hospitais e clínicas particulares. Há denúncias também de adulteração de medicamentos, de premiação de profissionais da saúde que se comprometem a receitar produtos de alguns laboratórios. É um crime e um escândalo a transformação do cuidado com a saúde num comércio, até mesmo com alguns planos de saúde priorizando o lucro em detrimento do bom atendimento aos seus clientes.

Cabem, aqui, as mesmas reflexões sobre a dignidade do corpo humano, da psique humana, da pessoa humana, já apresentadas, mas olhando-as pelo lado da pessoa com a saúde abalada, assim como do idoso e da pessoa com deficiência. Quanto à questão da saúde, é preciso lutar, de modo organizado e persistente, por mudanças profundas e amplas nas políticas dos governos federal, estadual e municipal, mas também no modo como muitas instituições particulares lidam com o assunto, dominadas que são/estão pela ideologia capitalista do mercado.

Sepultar os mortos

José de Arimateia envolveu o corpo de Jesus num lençol e o colocou num sepulcro que tinha sido escavado numa rocha (cf. Mc 15,46; cf. Jo 19,38).

Sobre o sepultamento dos mortos, o Cristianismo crê e ensina que

> os corpos dos defuntos devem ser tratados com respeito e caridade, na fé e na esperança da ressurreição. Enterrar os mortos é uma obra de misericórdia corporal que honra os filhos de Deus, templos do Espírito Santo (CatIC 2300).

Sua fé está alicerçada na Sagrada Escritura. Por exemplo, no Antigo Testamento há um testemunho muito especial a respeito da questão do sepultamento dos mortos. É o caso de Tobias. Correndo risco de morte, ele assumiu a missão de sepultar os que foram mortos por Senaquerib:

> [...] Nessa ocasião, enfurecido, ele matou milhares de israelitas. Eu recolhia os corpos às escondidas e os sepultava. [...] Quando fiquei sabendo que o rei estava informado a meu respeito, fiquei com medo e fugi (Tb 1,19).

Mas nós, cristãos, vamos muito além da compaixão que nos leva a cuidar, respeitar, velar e sepultar dignamente os falecidos. Recebemos da misericórdia de Deus o dom de crer na ressurreição de Jesus, seu Filho encarnado, que deu sua vida em cruel morte de cruz, foi sepultado para a nossa salvação, ressuscitou e foi glorificado. Consequentemente, também pela misericórdia de Deus, cremos que nós ressuscitaremos. São Paulo, meditando sobre essa verdade, essencial para o Cristianismo, escreveu, num acirrado debate com quem não acreditava na ressurreição dos mortos:

> Porque, se os mortos não ressuscitam, também Cristo não ressuscitou. Se Cristo não ressuscitou, a fé que vocês possuem não tem fundamento, e vocês ainda estão em seus pecados e, também, os que adormeceram em Cristo estão perdidos. Se a nossa esperança em Cristo é somente para esta vida, somos os mais miseráveis de todos os homens (1Cor 15,15-19).

Evidentemente, essa fé nos dá o sentido da nossa vida e da nossa missão já aqui neste mundo, e ela nos alimenta em nossa caminhada para a felicidade sem fim em Deus, na vida eterna feliz após a nossa morte e consequente ressurreição. Enquanto vivemos, temos do nosso corpo e do corpo de todas as pessoas um conceito específico, isto é, segundo o que ensina Paulo, o nosso corpo é templo do Espírito Santo e, também, devemos glorificar a Deus com o nosso corpo (cf. 1Cor 6,19-20), decorrendo daí atitudes condizentes de respeito, proteção e cuidado dele, mesmo depois da morte. Quanto à autópsia, eis o que a Igreja ensina, segundo o *Catecismo da Igreja Católica*, n. 2301: "A autópsia dos cadáveres pode ser moralmente admitida por motivos de investigação legal ou pesquisa científica."

O bom costume de velar os restos mortais dos falecidos, celebrar a missa de sétimo dia e de aniversário da data da sua morte possibilita aos familiares e amigos demonstrar seus sentimentos para com o ente querido, orar por ele e, ao mesmo tempo, alimentar a fé na ressurreição, e realizar entre os familiares um encontro, que fortalece a união e a convicção de que a mensagem de quem morre, além da fé na ressurreição, é aquela que pede que os vivos assumam o dom precioso da vida, com mais consciência, convicção, e com ele façam de tudo para o bem das pessoas e a glória de Deus.

A doação de órgãos de pessoas falecidas para transplante, assim salvando a vida de pessoas que, sem tal recurso, estão fadadas a falecer, é algo novo para a teologia e a pastoral cristãs. A decisão pode ser feita, em vida, pela própria pessoa, que deixa autorizada a retirada de seus órgãos em caso de falecimento, e também por parentes, que autorizam tal procedimento. Entrementes, à luz da caridade, que busca o bem e a felicidade dos outros, a Igreja considera que tal gesto humanitário e de fé não é um desrespeito ao corpo, mas uma prática legítima, considerada pela Igreja como digna e meritória. Obviamente, ela coloca critérios éticos e morais fundamentados no bom senso, na Palavra de Deus e nos ensinamentos da própria Igreja sobre o tema (cf. CatIC 2301).

A cremação ou incineração dos restos mortais de um falecido, solicitada enquanto vivia ou sendo autorizada por parentes, é outro assunto novo para a Igreja. Contudo, após estudo do tema, a Igreja permite a cremação, mas também com critérios de bom senso, ética, moral e respeito à fé na ressurreição dos mortos e na vida eterna. Recomenda o máximo respeito às cinzas resultantes da incineração, pois procedem do corpo. A celebração litúrgica denominada "de corpo presente", que é recomendada, pode também, no caso de não ter sido possível a celebração antes, ser realizada tendo presente o recipiente com as cinzas dos restos mortais do ente querido.

CAPÍTULO 11

AS OBRAS DE MISERICÓRDIA ESPIRITUAL

Segundo a tradição teológica e pastoral do Cristianismo, há sete obras de misericórdia espiritual, as quais complementam e enriquecem as obras de misericórdia corporal ou material apresentadas no capítulo anterior. Constituem outras formas de colocarmos, em nosso dia a dia, tanto pessoal como comunitária e institucionalmente, a recomendação de Jesus: "Sede misericordiosos como o Pai é misericordioso" (Lc 6,36). Como Religioso Educador Irmão de La Salle, com dedicação prioritária à catequese e à pastoral, com a graça de Deus, essas obras de misericórdia espiritual sempre me inspiram em minha vocação e missão.

Ensinar aos que não sabem

> Os que ensinam a muitos a justiça brilharão para sempre como estrelas (Dn 12,3b).

Junto com a gestação e o nascimento de um(a) filho(a), os pais, consequentemente, têm a responsabilidade de tudo providenciarem para a proteção, o cuidado, o desenvolvimento e o crescimento corporal, psicológico, relacional, social, intelectual e espiritual de filhos e filhas. Como a tarefa ou missão é complexa, a sociedade foi organizando, aos poucos, instâncias para garantir aos pais e aos filhos um bom processo educacional que atenda cada uma das dimensões do ser humano e até mesmo correções por causa de falhas tanto dos pais como dos filhos.

Para essa tarefa importante, a humanidade vem criando e aperfeiçoando uma variedade de mediações e ferramentas de apoio, como revistas, livros, escolas, cursos, CD, DVD, internet etc. Vem investindo também na formação e acompanhamento de profissionais, tais como professores, psicólogos, psicoterapeutas, orientadores educacionais etc. Hoje, estamos no que se denomina sociedade ou civilização do conhecimento. Existe nas redes cibernéticas e está ao alcance de quem quiser e puder alcançar uma impressionante e quase infinita quantidade de informação. O desafio maior é aprender não apenas a acessar tudo isso, mas aprender o que fazer com tantos dados.

As Sagradas Escrituras valorizam a educação, o conhecimento, a sabedoria. À luz da fé ficou registrado, no livro dos Provérbios, por exemplo, que o conhecimento verdadeiro vem do "temor do Senhor" (1,7). No sentido bíblico, "temor" significa respeito, reverência, obediência. Por sua vez, Jesus ensina que o conhecimento da verdade nos liberta (cf. Jo 8,32). Vale citar aqui esta frase do profeta Daniel:

> As pessoas esclarecidas brilharão como brilha o firmamento e os que ensinam a muitos a justiça brilharão para sempre como estrelas (Dn 12, 3b).

A Igreja, desde seus inícios, por ter como missão essencial a evangelização e a pastoral, zelou em oferecer colaboração aos pais para a educação de seus filhos e filhas. Seu escopo principal sempre foi o de possibilitar-lhes, no respeito à liberdade pessoal, a opção por seguir Jesus Cristo e se engajar com ele na comunidade eclesial e na missão de expandir o Reino de Deus. Antes mesmo de os Estados ou países assumirem a educação escolar, foi a Igreja que mais contribuiu com os mais variados tipos de educação escolar e, também, com universidades. Graças à criatividade e ao trabalho incansável dos monges copistas, muito do que existe em livros de culturas antigas, sobretudo grega e latina, conseguiu chegar até nós. Dioceses, paróquias, ordens e congregações religiosas, também as Igrejas que surgiram da Reforma Protestante, se multiplicaram no mundo, abriram, dinamizaram e fizeram multiplicar, às vezes com muitas dificuldades, uma infinidade de escolas.

Hoje a tarefa da escola deveria estar muito mudada. Por exemplo, já nem mais se precisaria priorizar o ensino de conteúdo dos conhecimentos. A tarefa escolar seria bem mais complicada, mas muito mais educativa, porque consistiria cada vez mais em ensinar a acessar os conhecimentos disponíveis e a trabalhar criativamente com eles para produzir novos conhecimentos, especialmente em função de transformações, pequenas ou grandes, para que este mundo seja melhor para todos os seres que nele existem e virão a existir. Cada educando (somos eternos educandos), não importa a idade, tem de ser o protagonista de sua própria educação. Não apenas com o acesso fácil e inteligente ao conhecimento, mas, especialmente, na fundamental, insubstituível e necessária tarefa de sua própria educação em valores, direitos humanos, cidadania, cuidado com nossa casa comum, o planeta Terra, colaboração para criar e manter o respeito à vida, libertação e promoção dos mais pobres e necessitados, justiça, solidariedade, paz.

Nesse sentido, é importante viver a dinâmica pessoal de inquietante e curiosa atitude de aprendente. A obra de misericórdia espiritual "ensinar a quem precisa" exige também "o deixar-se ensinar, o deixar-se educar", e, ainda, colaborar para que os mais pobres, os mais necessitados tenham acesso à educação de qualidade. Como já ensinava o grande pedagogo brasileiro Paulo Freire, "nós nos educamos mutuamente". Os filhos aprendem dos pais e os pais aprendem dos filhos. Os educadores aprendem dos educandos, enquanto os educandos estão aprendendo dos educadores. E isso acontece em todas as profissões e serviços.

Como todos somos, por natureza, políticos, pois nos cabe cuidar da coisa pública, é nossa obrigação, como cidadãos, exigir e cobrar constantemente, dos que assumem cargos públicos, que priorizem a educação escolar de qualidade para o povo e, evidentemente, a educação em valores, a educação para o cumprimento dos Direitos Humanos, da cidadania, e para o cuidado com o meio ambiente. Sem isso, continuaremos com o descalabro da irresponsabilidade, da corrupção, da violência, do egoísmo, da escravização de pessoas, e também com a destruição do planeta Terra. Além de cada um fazer a sua parte, obviamente, a sociedade como um todo, as organizações e instituições sociais e religiosas precisam orquestrar-se para a educação de qualidade para todos.

Dar bom conselho a quem necessita

Façam tudo o que ele lhes disser! (Jo 2,5).

Uma das características, que todos temos, desde o nosso nascimento, e que levamos por toda a vida, é a capacidade de duvidar, errar, entrar por caminhos que nos podem fazer mal. Afinal, somos inacabados, frágeis, falíveis e pecadores. Muitas vezes, nós nos encontramos em uma encruzilhada e precisamos tomar uma decisão. Obviamente, nosso instinto de sobrevivência e de busca da felicidade nos alerta. Somos empurrados pelas mais poderosas pulsões interiores: prazer, poder, posse, medo e curiosidade. Como fomos feitos para viver com outras pessoas, nós as observamos, com elas conversamos, com elas nos comparamos, e delas aprendemos. Algumas exercem sobre nós influência. Em muitas situações, somos impelidos, quase que naturalmente, a buscar ajuda porque temos clara consciência de que não sabemos tudo e a prudência nos inspira a não dar um passo em falso. Apesar de, hoje, o processo de destruição dos valores nos levar ao egoísmo, à violência, à corrupção e mais e mais a retirar a confiança nas pessoas, continuamos a precisar de alguém em nossa vida. E um conselho sempre nos faz bem.

Mas há algumas exigências para que um conselho seja realmente bom. Primeiramente ouvir, ouvir, ouvir. Quem precisa de um conselho necessita expor o que sente, a situação que está vivendo, enfrentando. É importante ajudar a pessoa a falar. Muitas vezes a acolhida, a escuta, a atenção, constituem meio caminho andado. Colocar-se à disposição do Espírito Santo, pois ele é, por natureza, consolo, conselho, sabedoria, ciência, entendimento, fortaleza e cura. Colocar-se na pele do outro, entrar no fecundo rio da compaixão e da misericórdia, que nos enriquece com a sensibilidade, a capacidade de perceber o que realmente está acontecendo. Uma exigência que nem sempre se leva em conta é a coerência de vida e atitude, porque o "faça o que eu digo, mas não faça o que eu faço", obviamente, não dá credibilidade a quem aconselha.

Temos dentro de nós o que se costuma chamar de "voz da consciência". Nela está gravado um princípio da ética que, segundo alguns estudiosos da história, o sábio chinês Confúcio (551 a.C.-479 a.C.) conseguiu expressar de modo lapidar na frase ou Regra de Ouro da vida: "Não faça ao outro o que não quer que ele faça a você". Encontramos, também, esse mesmo dito no livro bíblico de Tobias (4,15). Jesus, porém, segundo Mateus (7,12), dá a versão positiva desse conselho: "Façam às pessoas o mesmo que vocês desejam que elas façam a vocês". Ouvindo, portanto, e seguindo a "voz da consciência", é certo que conseguiremos dar bons conselhos para o bem de quem nos procura. E com as luzes do Espírito Santo, melhor ainda. Mas é preciso cuidar bem de nossa consciência, alimentá-la e fortalecê-la.

Nas relações humanas e no processo educativo devemos semear boas sementes em nosso coração, em nossa consciência. Colheremos mais tarde o fruto de que plantamos cada dia. Há, porém, algo que é indispensável em nossa educação e na dos outros: formar para a responsabilidade e a autonomia, pois cada um é sujeito de sua própria educação. Essa fortaleza interior é muito importante, sobretudo diante dos revezes da vida. Diz o Sl 91: "Caiam mil ao seu lado, dez mil à sua direita. Quanto a você, nada poderá atingi-lo". Olhando para a realidade de hoje, até é possível, aqui, um conselho: mesmo que alguns políticos sejam corruptos e corruptores, que filmes, programas de televisão, algumas produções artísticas (filmes, teatros, canções, pinturas, esculturas etc.), firam a ética e a moral, em nome de uma falsa interpretação da liberdade, cabe a cada um de nós ser protagonista de nossas convicções, custe para nós o que custar.

Como discípulos-missionários de Jesus Cristo, nós o temos permanentemente à disposição, porque ele, o Ressuscitado e Glorificado, está sempre conosco até o final dos tempos. Temos, portanto, o privilégio de poder recorrer a ele a qualquer momento e em qualquer circunstância. E ele nos fala na Sagrada Escritura, na Eucaristia, nos ensinamentos de nossa Igreja e dos santos, nos filósofos e sábios, no encontro fraterno com os outros, na leitura de fé dos sinais dos tempos e em tantas outras medicações. Bons conselhos da parte de Deus temos em abundância, desde que os acessemos por meio da intimidade filial e amorosa com ele. Ele quer que caminhemos com nossas próprias pernas e nos fornece as necessárias luzes para que possamos discernir e tomar uma decisão adequada e segura diante de incertezas, dúvidas, momentos difíceis, continuar na decisão assumida, fazer correção da trajetória, ou mesmo voltar atrás.

Jesus nos deu Maria, sua querida Mãe, e a Igreja a homenageou com o belo título de Nossa Senhora do Bom

Conselho por causa do importante papel que ela exerceu no Plano de Salvação e porque ela própria nos deu, segundo o evangelista João, um preciosíssimo conselho em relação a seu Filho Jesus, o Filho de Deus: "Façam tudo o que ele disser!" (Jo 2,5).

Corrigir os que erram

> Se teu irmão pecar, corrija-o (Mt 18,15).

Em sua missão de Mestre dos mestres, Jesus, ao mesmo tempo que nos ensina a importância da correção fraterna como exercício de misericórdia, nos transmite a pedagogia a ser usada em tal ação:

> Se seu irmão pecar, vá e corrija-o a sós somente entre vocês dois. Se ele o ouvir, você terá ganho o seu irmão. Mas, se ele não o escutar, tome mais uma ou duas pessoas com você, a fim de que toda palavra se confirme com o testemunho de duas ou três pessoas. Se ele não as ouvir, avise a Igreja... (Mt 18,15-17).

Sabemos que o segundo mandamento da Lei de Deus é amar o próximo como a si mesmo e, portanto, que uma das maneiras de o cumprir consiste em ajudar o irmão que falha, para que se corrija. Da citação de Jesus transcrita podemos deduzir que, no processo corretivo, é preciso haver delicadeza, respeito, mansidão, perseverança, inteligência e firmeza. A correção agressiva, bruta e opressora só piora a situação. Às vezes, como tem acontecido bastantes vezes nos últimos anos, esgotados os processos de correção, é preciso recorrer a medida fortes. Há casos em que os pais denunciam o próprio filho à polícia. Muitas mulheres se sentem obrigadas a recorrer à Delegacia da Mulher por causa da violência doméstica. Membros da direção de Igrejas precisaram ser punidos por crimes hediondos e, também, por falcatruas financeiras.

Olhando pelo lado da fé cristã, o apóstolo Tiago nos revela uma das consequências de uma correção benfeita. Com isso ele também nos incentiva a praticar esta obra de misericórdia espiritual – "corrigir os que erram":

> Saiba de uma coisa: quem converte o pecador do mau caminho, salvará a sua vida da morte e cobrirá uma multidão de pecados (Tg 5,20).

Há, porém, um agravante que dificulta a correção de quem falhou, faltou e errou, e que, aos poucos, veio contaminando seriamente a compreensão de si mesmo, a convivência social e a cultura contemporânea. É o incentivo à irresponsabilidade das pessoas sobre suas próprias atitudes, suas falas e ações. Isso, fruto da perda da ética e dos valores humanos fundamentais, está se espalhando, trazendo consigo uma deturpada compreensão e prática da liberdade individual e grupal e do uso da ciência, assim como a proibição de qualquer tipo de educação para o limite, o que impossibilita à pessoa reconhecer suas falhas e erros pessoais e, portanto, corrigi-los. Como consequência, há um desrespeito generalizado à vida, aos outros, ao patrimônio público, à natureza, às convicções religiosas dos outros, e ainda há a ocorrência de intolerância, do comércio e uso de drogas, de armas, dos assassinatos, das depredações, da corrupção e de outros atos antissociais, alguns muito sórdidos. Não é possível deixar de aludir aqui, ainda uma vez, à questão do descaso acintoso dado à ética, à moral e aos bons hábitos, aos valores humanos fundamentais. E, lamentavelmente, tudo isso está crescendo e se espalhando. Sabe-se perfeitamente as causas de toda esta decadência civilizacional, entre elas a corrupção, a ideologia do *laissez-faire* (*deixai fazer*), a falta de educação em valores, a irresponsabilidade de muitos pais, políticos, comunicadores e líderes sociais e, também, a impunidade.

Perdoar a quem nos ofende

Perdoai-nos as nossas ofensas, como perdoamos a quem nos tem ofendido (cf. Mt 6,12).

Jesus, quando ensinou o roteiro para conversar com Deus Pai, incluiu o pedido de perdão a nós, pecadores, pelos pecados que cometemos. A frase do Pai-Nosso não diz "perdoai as nossas ofensas", pois não se trata de perdoar os pecados, os nossos pecados, mas diz "perdoai-nos as nossas ofensas", pois é o pecador que é perdoado, nós é que somos perdoados, subentendido sempre o conselho do Senhor "não peques mais" (cf. Jo 8,11). Jesus, no Pai--Nosso, nos revela como o Pai nos perdoa, isto é, usando conosco a mesma medida que usarmos para perdoar-nos mutuamente. Para Jesus, a atitude de perdoar a quem nos ofende é essencial para todos os seres humanos, e ainda mais para seus discípulos-missionários, porque desse perdão depende o perdão de Deus para conosco. De acordo com o evangelista Mateus, Jesus acrescenta, após nos transmitir o roteiro que transformamos na oração do Pai-Nosso, o seguinte comentário:

De fato, se vocês perdoarem as faltas das pessoas, também o Pai perdoará vocês, mas, se vocês não perdoarem as pessoas, o Pai não perdoará vocês (Mt 5,14-15).

Não é nada fácil, porém, perdoar e saber perdoar. Segundo a nossa fé, perdoar implica também reconciliar. Não basta colocar uma pedra sobre a ofensa recebida, não guardar ressentimento e muito menos aproveitar alguma oportunidade para revidar ou vingar. Mas o que significa reconciliar? Significa, após o perdão, a atitude heroica de reatar as relações fraternas, reconstruí-las, cultivá-las. Já conhecemos a parábola da misericórdia, pela qual Jesus nos conta que o pai pródigo e misericordioso acolhe de volta o filho que saiu de casa e esbanjou tudo numa vida de pecado e faz uma festa. Aqui vamos recorrer a uma parábola similar, que se encontra em *O Ébrio*, filme escrito e dirigido por Gilda de Abreu, cantora lírica, cineasta, escritora e esposa do famoso cantor popular Vicente Celestino, protagonista do filme. Apesar de o desfecho não ser positivo, como na parábola de Jesus, o miolo da narrativa nos revela com clareza a diferença e complementariedade entre perdão e reconciliação. Eis um resumo da narrativa de Gilda de Abreu:

Gilberto era pobre e fora abandonado pelos parentes. Conseguiu emprego e fez a faculdade de Medicina. No dia do casamento com Marieta, ele perdoou a seus parentes, que o haviam rejeitado. Além de médico, em pouco tempo ele se tornou um famoso cantor. Cinco anos depois,

José, um primo dele, decidiu roubar-lhe a mulher. Aproveitou a oportunidade da ausência do doutor, que havia viajado para o sepultamento do pai. Quando voltou, Gilberto encontrou, sobre a mesa, um bilhete de despedida de Marieta e soube que ela havia fugido com José, levando sua fortuna. Gilberto saiu profundamente abalado. Foi para o bar e embebedou-se. Depois, encontrou, na rua, um pobre homem que morrera atropelado. Tirou-lhe a roupa, vestiu-a e passou a viver como mendigo e bêbado. Dr. Gilberto, o cantor famoso, já não mais existia.

Um dia, abandonada pelo amante, que fugira para os Estados Unidos levando todo o dinheiro, Marieta, ao voltar para casa, viu o marido num bar de esquina. Estava numa situação lastimável. Decidiu aproximar-se dele. Sentou-se diante de Gilberto, que, porém, permaneceu cabisbaixo. Triste, ela quis tocar a mão de seu marido, mas ele a puxou rapidamente. Ela, emocionada, lhe pediu perdão. Imediatamente, Gilberto lhe respondeu que a havia perdoado desde o primeiro momento que soube de sua traição. Mas, para surpresa de Marieta, no mesmo instante ele se levantou e, cambaleando, saiu apressado do bar. Marieta se levantou e lhe disse: "Espere, homem! Você não disse que me perdoou?". Sem se voltar para ela, Gilberto lhe respondeu: "Eu disse que perdoei, mas não disse que me reconciliei. Tchau!".[1]

Jesus ensina exatamente o contrário. E o explicita na parábola do filho pródigo. Nela, o foco central é exatamente a misericórdia do pai que acolheu de volta o filho rebelde, que havia exigido a sua herança e saíra de casa

---

[1] Cf. em: <http://www.aidentu.com.br/2008/04/o-ebrio-com-vicente-celestino/>, uma síntese de *O Ébrio*.

para viver na farra. Tendo gastado tudo e sendo obrigado a passar fome e injustiça, o moço decidiu voltar para casa e preparou o seu pedido de perdão. O pai o avistou, magro e todo maltrapilho. Jesus continua sua parábola:

> Ele (o filho) ainda estava longe, quando seu pai o viu. Encheu-se de compaixão e correndo lançou-se ao pescoço dele e o beijou com ternura. O filho então lhe disse: "Pai, pequei contra o céu e a terra e contra o senhor. Já nem mereço ser chamado seu filho!" Mas o pai disse aos seus servos: "Tragam rápido a melhor túnica e a vistam nele. Ponham um anel no dedo dele e sandália nos pés. Peguem o bezerro gordo e o matem. Vamos comer e festejar, porque este meu filho estava morto e voltou a viver, estava perdido e foi encontrado". E começaram a festejar (Lc 15,20-24).

É assim que Deus age: perdoa o pecador, mas também se reconcilia com ele. Esta é a mensagem de Jesus. Deus é Pai pródigo, nos dá tudo, respeita totalmente a nossa liberdade, vê com tristeza nossa ingratidão ao virarmos-lhe as costas e desperdiçar tudo no pecado. O Pai, infinitamente misericordioso, porém, está sempre de braços abertos para acolher de volta quem errou. Não se contenta em perdoá-lo. Vai muito além. Reconcilia e faz festa porque um pecador se converteu. O mesmo ensinamento se encontra na parábola da ovelha perdida e encontrada (Lc 15,4-7). O pastor saiu à sua procura e a encontrou, reuniu seus amigos e festejou a ovelhinha encontrada. Isso, também, pode ser observado na parábola sobre a moeda perdida. A mulher varreu a casa, procurou atentamente e convocou as amigas para festejar com ela por ter encontrado aquela preciosa moeda (Lc 15,8-10). A conclusão de Jesus é lapidar:

Eu lhes digo: da mesma forma haverá mais alegria no céu por um só pecador que se converte, do que por 99 justos, que não precisam de conversão (Lc 15,7.10).

Essa deve ser, ensina o Papa Francisco, a atitude do presbítero com o pecador que dele se aproxima para solicitar o sacramento da Reconciliação (conhecido também como sacramento da Penitência ou da Confissão). Sua missão é representar Deus, Pai misericordioso, nesse gesto sacramental de acolhida do pecador que, em confiança, lhe confessa o pecado, e espera de Deus, por meio do padre, o perdão, a reconciliação. Sobre o ministério presbiteral da confissão, o Papa Francisco insiste, na bula *Misericordiae Vultus*, para que sacerdotes e bispos priorizem sempre a misericórdia de Deus e não a insensibilidade, a incompreensão, a dureza:

[...] ponhamos novamente no centro o sacramento da Reconciliação, porque permite tocar sensivelmente a grandeza da misericórdia, fonte de verdadeira paz interior. [...] Os confessores sejam um verdadeiro sinal da misericórdia do Pai. [...] Cada confessor deve acolher os fiéis como o pai da parábola do filho pródigo, um pai que corre ao encontro do filho, apesar de lhe ter dissipado os bens. Os confessores devem estreitar a si aquele filho arrependido que volta à casa e a exprimir a alegria por tê-lo reencontrado. [...] Os confessores são chamados a ser sempre e, por todo o lado, em cada situação e apesar de tudo, o sinal do primado da misericórdia (17).

Recordemos que um dos melhores exemplos de perdão e reconciliação no Antigo Testamento é o de José, em relação a seus irmãos que o haviam vendido para ser escravo no Egito. Bem mais tarde, ele os acolheu no Egito, os perdoou e mandou que o pai, idoso, fosse trazido da Palestina para passar seu último tempo de vida junto dele (cf. Gn 45,1-28).

No Novo Testamento, evidentemente, Jesus é o exemplo perfeito da misericórdia, pois ele é, como Filho de Deus encarnado, o rosto, a face, a visibilidade da misericórdia de Deus Pai-Mãe de infinita misericórdia (*misericordiae vultus*). No máximo da injustiça e da dor, nas quais se encontrava no alto da cruz, Jesus se enche de compaixão por quem o perseguiu, o traiu, o condenou, o fez sofrer, o abandonou e, naquele momento, o estava cruelmente torturando e tirando-lhe a vida: "Pai. Perdoa-lhes, pois não sabem o que estão fazendo" (Lc 23,34).

Consolar os tristes

> Consolem, consolem Jerusalém, consolem o meu povo, diz o Deus de vocês (Is 40,1).

O estado de alma que se expressa fisicamente pela tristeza tem muitas e variadas causas. Eis algumas: sofrimento físico, moral, psíquico, relacional e espiritual; abandono, isolamento, solidão e depressão; saudade, melancolia, traição, ofensa, medo, morte, violência familiar, crise e separação na família, alcoolismo, enfermidade, doença, carência afetiva... A expressão de tristeza pode afetar o ambiente e mesmo contagiar quem está propenso a uma tal situação. Na verdade, a tristeza é, também, um clamor por atenção, carinho, colo, consolo, ajuda.

Somente quem é capaz de ser compassivo e misericordioso tem condições de consolar alguém triste, portanto, de aproximar-se e assumir o sofrimento dele, estar junto, muitas vezes em silêncio, mas com atenção carinhosa e disponibilidade. Quando possível, sabe conversar de tal modo que a pessoa se sente compreendida, acolhida e apoiada. Com sentimento e amor expressa mensagem de encorajamento, confiança, coragem, esperança e fé. Caso não possa estar o tempo todo ao lado de quem sofre, usa criativamente meios para se tornar presente por meio de mensagens e telefonemas carinhosos e esperançosos.

Há, no Antigo Testamento, um caso típico de sofrimento, abandono, depressão e tristeza que, ao mesmo tempo, revela um forte exemplo de fé, paciência, esperança, fidelidade e confiança na misericórdia de Deus. Jó, totalmente fiel a Deus, era rico e feliz. De um momento para outro, caiu em grande desgraça, perdeu tudo, também a família, ficou leproso e foi abandonado por todos. Impossível não se comover com sua dramática situação, tão bem descrita pelo autor (ou autores) de uma peça literária de grande expressividade, verdadeira obra-prima da literatura mundial.

O tema da tristeza, da angústia e do consolo aparece com frequência nas Sagradas Escrituras. Não é possível, aqui, estender-me nessa riqueza. Limito-me apenas a algumas referências como ilustração do tema. Primeiro, o Sl 69, que versa sobre o lamento do perseguido. Dele destaco, por exemplo, duas frases. A primeira é uma queixa dolorosa, a segunda é um clamor confiante à compaixão misericordiosa e infinita de Deus:

> A ofensa me partiu o coração. Espero por compaixão, mas ela não existe; espero por consolação, mas não a encontro (Sl 69,21).

Javé, por tua fidelidade benfazeja, responde-me; por tua infinita compaixão, volta-te para mim. Não esconda do teu servo a tua face, pois estou em apuro. Responde-me depressa! Aproxima-te da minha vida. Resgata-me! Liberta-me dos meus inimigos! (Sl 69,17-19).

Em segundo lugar, o profeta Isaías, já comentado neste livro, ao falar do amor misericordioso de Deus, recorre ao amor de mãe e ao zelo de um bom pastor. Ele comunica, também, que Deus, ao perdoar o povo, é infinita misericórdia, perdão, reconciliação, consolação:

Sião dizia: "Javé me abandonou; o Senhor me esqueceu". Mas, pode a mãe se esquecer de seu nenê? Pode ela deixar de ter amor pelo filho de suas entranhas? Ainda que ela se esqueça, eu não me esquecerei de você. Veja, eu tatuei você na palma da minha mão! (Is 49,14-16).
Como um pastor, Javé cuida do rebanho, e com seu braço o reúne. Leva os cordeirinhos no colo e guia mansamente as ovelhas que amamentam (Is 40,11).
Consolem, consolem Jerusalém, consolem o meu povo, diz o Deus de vocês. Falem ao coração de Jerusalém, gritem para ela, que já se completou o tempo de sua servidão, que seu crime já foi perdoado, que ela recebeu da mão de Javé o castigo em dobro por todos os seus pecados (Is 40,1-2).

No Novo Testamento, elaborado em grego, o termo comumente utilizado para "consolar" é "*parabaléin*", e para "consolo" é "**parakaleō/paraklēsis**". Na verdade, esses termos têm vários significados, entre os quais os mais comuns são "consolar" e "consolo", mas também os usamos para "suplicar", "exortar", "mandar chamar", "proteger", "defender", "advogar". O evangelista Lucas informa que o idoso Simeão, que no Templo de Jerusalém tomou nos braços o Menino Jesus, era um homem justo, piedoso, e que esperava a consolação de Israel, tendo sobre ele o Espírito Santo (Lc 2,25).

Este mesmo Jesus de Nazaré, o Filho de Deus encarnado, por mediação da ação do Espírito Santo, em Maria, tanto em seus gestos como em seus ensinamentos e no seu ato maior de amor, ao dar a vida por nós na Eucaristia e na cruz, é, por natureza, amor, misericórdia e consolação. Cada cura que ele realizava trazia, também, um grande consolo para o privilegiado com a recuperação da saúde e para seus familiares e amigos. Junto com o foco principal de cada uma de suas parábolas e ensinamentos, acontecia no interior das pessoas que acolhiam a sua mensagem o consolo espiritual do crescimento no conhecimento de Deus, no amor a ele e aos irmãos, no compromisso com a glória de Deus e com um mundo melhor para todos, e, ainda, na esperança da vitória de Deus sobre o mal e a morte. É, para quem crê em Jesus, um consolo imenso saber que somos, nele e por ele, filhos e filhas de Deus, irmãos entre nós, seus discípulos-missionários, que ele confia em nós para com ele colaborarmos na extensão do Reino do Pai, e que, com ele, ressuscitaremos e estaremos na vida eterna feliz.

Nos escritos do apóstolo Paulo há importantes reflexões sobre a consolação. Penso que o texto da saudação inicial da sua Segunda Carta aos cristãos da cidade de Corinto resume, de modo admirável, o conceito e a convicção de Paulo sobre Deus, como o Deus de toda consolação. Essa convicção Paulo usará e desenvolverá ao longo de sua missão:

Bendito seja o Deus e Pai do nosso Senhor Jesus Cristo, o Pai das misericórdias e Deus de toda consolação, o qual nos consola em toda a nossa aflição! (2Cor 1,3-4).

Em sua dissertação para o mestrado, Karina Andrea Pereira Garcia Coleta[2] cita, na página 11, a seguinte reflexão do biblista Sean Winter, ao considerar a consolação como uma chave de leitura dessa carta de Paulo (e poderíamos acrescentar: de todos os seus escritos):

> Embora os estudiosos, geralmente, se satisfaçam em notar a predominância da linguagem do consolo (**parakaleō/paraklēsis**) em 2Cor 1,3-7 e 7,5-16, e também façam menção das tradições bíblicas do consolo escatológico como seu possível pano de fundo, há uma surpreendente relutância em explorar as implicações desta exegese para nosso entendimento do propósito geral de 2Coríntios.[3]

Concluo o tema com esta consoladora verdade que São João traz no livro do Apocalipse (21,3-4):

> Eu ouvi uma voz forte que vinha do trono e dizia: Esta é a tenda de Deus com os seres humanos. Deus vai morar com eles. Serão eles seu povo e ele, o Deus com eles, será o seu Deus. E Deus vai enxugar toda lágrima dos olhos deles, e não mais existirá morte, aflição, choro nem dor, porque as coisas antigas desapareceram.

---

[2] COLETA, Karine A. P. Garcia. O *"Deus de toda consolação" no sofrimento de Paulo. Um estudo exegético-teológico na Segunda Carta aos Coríntios*. Dissertação de mestrado, tendo como orientador o Padre Johan Konings, apresentada na FAJE (Faculdade Jesuíta de Teologia e Filosofia), em Belo Horizonte-MG, 2014. Disponível em: <http://www.faculdadejesuita.edu.br/documentos/070115-uwT77NvLbkbl1.pdf>.

[3] WINTER, Sean F. "The meaning and function of Paul's Confort Language in 2nd Corinthians", p 1. Trata-se de um texto preparado para o *North American Meeting of the SBL*, em Nova Orleans, em 20 de novembro de 2009. O material não foi publicado, mas Karine o obteve do próprio autor.

Suportar, com paciência, os defeitos dos outros

> Com paciência, suportem-se uns aos outros no amor, procurando manter a unidade do Espírito pelo laço da paz (Ef 4,1-3).

O verbo suportar tem a riqueza de expressar base e coluna, estrutura e objeto de apoio, algo sólido, resistente, bem forte e robusto, que sustenta o peso do que sobre ele é colocado, como carga, construção, bens de grande peso. Essa capacidade de resistência é aplicada ao ser humano em sua função de carregar nos ombros, fisicamente, cargas pesadas ou leves, mas que, com o tempo, se tornam pesadas. Simbolicamente, é usado para funções psíquicas, sociais e espirituais, tais como: carregar na consciência, na responsabilidade, tanto pessoas como tarefas, encargos, missões. E isso, por ser de índole psicológica ou espiritual, não é menos real que o peso físico. Podemos dizer, por exemplo, que pais sustentam a família, o lar; que os líderes sustentam o ânimo, a dedicação e o empenho dos que estão com eles; que cada um de nós sustenta o que nos foi confiado, procurando ser responsável, competente, dedicado em nossa missão.

Mas suportar tem, também, a conotação de esforço, sofrimento, sacrifício, porque responsabilidade ou irresponsabilidade traz consigo algum tipo de desconforto, preocupação e até mesmo dor. Não existe nada neste mundo que não nos cause, possivelmente, algum desconforto, nem mesmo o prazer, nem momentos de alegria, nem o amor. Assumir a vida com tudo o que dela decorre é, sem dúvida, uma bênção, um motivo de alegria e felicidade, mas sempre com a companhia de alguma situação de apreensão e mesmo sofrimento. Qualquer vocação e missão que assumimos, com liberdade, dedicação, competência, amor, necessidade, tem seus momentos de contrariedade e dor. Matrimônio, vida consagrada, vida presbiteral, voluntariado e, também, qualquer profissão e tarefa. Mesmo o tratamento da saúde tem a possibilidade de falhas e erros por parte de médicos e enfermeiros, efeitos colaterais dos medicamentos etc. A vida espiritual nos causa preocupações porque somos frágeis, limitados, preguiçosos, sem perseverança, sem fidelidade, pecadores.

Tanto sozinhos como em família, em comunidade, na sociedade, e em qualquer ambiente, temos defeitos e virtudes e encontramos defeitos e virtudes nos outros. Levar com fortaleza, coragem e boa disposição nossos defeitos e os dos outros é uma tarefa necessária, portanto, com a possível consequência da satisfação, mas também de algum tipo de constrangimento, esforço, sofrimento. Colocar essa missão de "suportar" no nível das virtudes teologais – isto é, a fé, o amor e a esperança – faz parte da graça e da responsabilidade de sermos discípulos-missionários de Jesus Cristo. Esse salto transcendente, precioso dom de Deus, nos ajuda a permear tudo o que somos e fazemos com as virtudes da paciência, da tolerância, do perdão, da misericórdia e, também, da correção fraterna, pois não podemos ser omissos diante da responsabilidade de ajudar as pessoas a se corrigirem de seus defeitos e erros, obviamente com amor, delicadeza e firmeza, a exemplo de Jesus Cristo.

Da Sagrada Escritura, tão rica neste assunto, retenhamos e coloquemos em prática o que São Paulo, na sua Carta aos cristãos da cidade de Éfeso e na Carta aos cristãos da cidade de Colossos, nos recomenda:

> Por isso é que eu, o prisioneiro no Senhor, peço que vocês se comportem segundo a dignidade da vocação para a qual foram chamados: com toda a humildade e bondade, com paciência, suportando uns aos outros no amor e procurando manter a unidade do Espírito pelo laço da paz (Ef 4,1-3).
>
> Como escolhidos de Deus, santos e amados, revistam-se, portanto, de sentimentos de compaixão, bondade, humildade, mansidão, paciência. Suportem-se uns aos outros e perdoem-se mutuamente, se alguém tem motivo de queixa contra outro. Assim como o Senhor os perdoou, façam o mesmo. Acima de tudo revistam-se do amor, que é o laço da perfeição. E no coração de vocês reine a paz de Cristo, para a qual foram chamados em um só corpo. E sejam agradecidos (Cl 3,12-15).

Orar pelos vivos e defuntos

> Se não tivesse esperança na ressurreição dos que tinham morrido na batalha, seria coisa inútil e tola rezar pelos mortos (2Mc 12,44).

A história, a arqueologia, a antropologia, a paleontologia, a geografia e várias áreas das ciências humanas revelam que quase todas, senão todas as civilizações, povos, culturas, tiveram e têm religiosidade e possuem seus cultos, tanto pessoais como organizados. Por mais que existam e se multipliquem os ateus e os indiferentes à religião, é impossível negar as provas, suficientemente documentadas, dessa característica humana milenar, da busca por um transcendente e, mais ainda, de tentativas de relacionar-se com alguma possível divindade ou entidade espiritual. Como parte dessa religiosidade, que podemos considerar natural, algum tipo de reverência, culto e oração implicando os falecidos também deixou marcas na história e continua presente hoje, mesmo que seja, atualmente, apenas o denominado "minuto de silêncio" em memória de um ou mais falecidos, assim como a reação de cunho religioso espontâneo diante de um desastre, uma morte, um atentado, uma notícia triste, uma notícia alegre e, também, quando a pessoa se encontra numa situação muito adversa ou perigosa.

Os católicos incluem na lista das obras de misericórdia espirituais a "oração de intercessão por pessoas vivas ou falecidas". Trata-se de uma modalidade de caridade, ou amor de libertação e promoção, apoio, consolo e ajuda. Além da fundamentação na religiosidade humana e nos costumes das religiões organizadas, o fundamento principal desse tipo de oração está nas Sagradas Escrituras, especialmente em Jesus Cristo.

Quanto a orar pelos mortos. É óbvio, para nós, cristãos, que, após a morte, a pessoa presta contas a Deus de como viveu no tempo que lhe foi dado aqui na História. A Deus, e somente a ele, pertence a decisão sobre o tipo de vida eterna que a pessoa vai ter. Para o falecido não existe mais condição de escolhas a serem feitas, como, no uso da nossa capacidade de conhecer e, especialmente, de discernir e agir, ele tinha aqui na terra. Só nos resta, depois da morte, o julgamento e as consequências dele segundo a justiça, mas, sobretudo, segundo a misericórdia infinita de Deus.

Podemos nos perguntar, então: para que orar pelos mortos, se eles não têm mais chances de escolha? É sabido que há Igrejas cristãs que pregam a inutilidade de orar pelos falecidos, exatamente porque é impossível haver mudanças no destino deles, pois a escolha que fizeram aqui na terra já foi fixada para sempre na eternidade. Dizem que os que oram expressam seus desejos em favor dos mortos, mas que não podem conseguir resultado algum e que o tempo para fazer o bem a alguém é enquanto ele está vivo e pode, portanto, se converter e se aperfeiçoar no caminho das escolhas corretas que vão durar por toda a eternidade.

Para os católicos, e a maioria das Igrejas cristãs, é válido e importante orar pelos mortos porque este salutar ato de fé e caridade está fundamento na Bíblia e na tradição do Cristianismo. O resumo do que acreditamos a respeito do que vai nos acontecer depois da morte está no *Catecismo da Igreja Católica* (n. 1020 a 1065). Aqui não há condição de aprofundarmos este tema, por isso nos limitamos a poucas referências.

Em destaque, há três textos do Antigo Testamento sobre orar pelos mortos, os quais se encontram no livro de Tobias (12,12), no livro do Eclesiástico (38,16-24) e no Segundo livro dos Macabeus (12,43-46). Citemos, porém, apenas o último:

No dia seguinte, como a tarefa era urgente, os homens de Judas foram recolher os corpos daqueles que tinham morrido na batalha, a fim de sepultá-los ao lado dos parentes, nos túmulos de seus pais. Puseram-se em oração, suplicando que o pecado cometido por eles fosse totalmente cancelado. (Judas fez uma coleta de moedas de prata e enviou o resultado a Jerusalém para que fosse oferecido um sacrifício pelo pecado cometido.) Ele agiu com grande retidão e nobreza, pensando na ressurreição. Se não tivesse esperança na ressurreição dos que tinham morrido na batalha, seria coisa inútil e tola rezar pelos mortos. Mas, considerando que existe uma bela recompensa, guardada para aqueles que são fiéis até a morte, então esse é um pensamento santo e piedoso. Por isso, ele mandou oferecer um sacrifício pelos que tinham morrido, para que fossem libertados do pecado (2Mc 12,39-45).[4]

O Novo Testamento traz afirmações claras sobre a importância da oração pelos falecidos e também sobre o perdão de Deus, tanto para nós, os vivos, como para os mortos. Podemos deduzir, a respeito da possibilidade do perdão, ou não, após a frase de Jesus sobre o único pecado que não tem perdão nunca:

Eu lhes digo: todo pecado e blasfêmia serão perdoados às pessoas, mas a blasfêmia contra o Espírito Santo não será perdoada. Se alguém disser algo contra o Filho do Homem, isso lhe será perdoado. Mas se alguém disser algo contra o Espírito Santo, não lhe será perdoado, nem no presente nem no futuro (Mt 12,31-32).

Quanto à tradição cristã, os Padres da Igreja (primeiros bispos e teólogos do Cristianismo), como São Cipriano († 258), São Cirilo de Jerusalém (313-386), São João Crisóstomo (347-407) e outros, dão preciosas informações sobre celebrações e orações pelos falecidos. O mais antigo escritor

---

[4] Cf. o vídeo disponível em:<https://www.youtube.com/watch?feature=player_embedded&v=qLy4J7BwiCM>. E também este outro: <https://www.youtube.com/watch?feature=player_embedded&v=m2YttSdDTIY>.

cristão que escreveu sobre o tema foi Tertuliano (160-220). Ao longo dos séculos, a Igreja sempre ensinou sobre o assunto, orou e estimulou que se orasse pelos falecidos. Limitemo-nos, aqui, ao que o *Catecismo da Igreja Católica* sintetiza dessa doutrina da Igreja sobre a oração pelos mortos:

> Desde os primeiros tempos, a Igreja honrou a memória dos defuntos e ofereceu sufrágios em seu favor, em especial o sacrifício eucarístico, a fim de que, purificados, eles possam chegar à visão beatífica de Deus. A Igreja recomenda também as esmolas, as indulgências e as obras de penitência em favor dos defuntos (cf. n. 958, 1372, 1479).
>
> Levemos-lhes socorro e celebremos sua memória. Se os filhos de Jó foram purificados pelo sacrifício de seu pai, por que deveríamos duvidar de que nossas oferendas em favor dos mortos lhes levem alguma consolação? Não hesitemos em socorrer os que partiram e em oferecer nossas orações por eles (n. 1032).

Mas é possível deduzir, ainda, alguns benefícios dessa atenção cristã aos falecidos olhando pelo lado de quem ora por um ou mais entes queridos ou pelos mortos em geral. Dois exemplos são suficientes aqui. Esse tipo de oração nos ajuda a renovar a fé na ressurreição e na vida eterna feliz; ao valorizar quem faleceu, somos chamados a valorizar bem mais os que vivem e todas as criaturas, portanto, a qualidade do nosso planeta Terra. Afinal, uma importante mensagem que podemos tirar de um falecimento é esta: quem continua vivo aproveite ao máximo o precioso dom da vida para fazer o bem, respeitar e promover a vida e, portanto, ajudar a criar condições para que todas as pessoas e todas as criaturas tenham vida, vida em abundância e de qualidade.

Quanto a orar pelos vivos. Orar pelos outros e por situações diversas, especialmente complicadas e dolorosas, é uma demonstração de amor, solidariedade, caridade e misericórdia, expressão de desejo de paz, de resolução de conflitos, de dias melhores. Sabemos que o único e verdadeiro intercessor é Jesus Cristo, mas ele, pródigo em generosidade, quis e quer partilhar conosco esta comunicação filial, fraterna, de amor, com o Pai, por meio dele, na dinâmica amorosa do Espírito Santo. É óbvio que Deus, infinitamente onisciente, sabe de tudo o que queremos quando abrimos filial e confiantemente o coração. Mas é salutar para nós, e reforça nossa intimidade com Deus, orar para adorá-lo, agradecer, conversar com ele sobre ele mesmo e suas maravilhas ao longo da história do mundo e de nossa vida. O mesmo acontece quando lhe suplicamos por nós mesmos, nossa família, alguém necessitado, alguém muito amado, situações do mundo que precisam de cura e paz.

Em latim, *inter-cédere* significa interpor-se, mediar, colocar-se entre duas pessoas para ajudar a construir ponte, comunicação, diálogo, apoio mútuo. Exige muita responsabilidade, capacidade de escuta, capacidade de servir de ponte, de canal, de instrumento de interligação. Jesus viveu como intercessor junto do Pai por seus discípulos, pelas pessoas que encontrava, pelos doentes que curava. E na eternidade continua esta sua missão indispensável no amoroso plano salvífico do Pai em favor de toda a obra da sua criação, particularmente dos seres humanos (cf. Hb 7,25). Jesus é, por natureza, o mediador, o intercessor, e o expressou de maneira máxima na sua Oração Sacerdotal em Jo 17,1-26 e no alto da cruz. E ele nos ensinou que a maior oração de intercessão e prova de amor é dar a vida pelos outros, para que tenham qualidade de vida, para que se salvem (cf. Jo 15,13). O apóstolo Tiago nos deixou um rico ensinamento sobre a importância e o poder da oração de intercessão:

> Alguém de vocês está sofrendo? Reze. Alguém está feliz. Cante. Alguém de vocês está doente? Chame os presbíteros da comunidade para que rezem por ele e o unjam com óleo, invocando o nome do Senhor. A oração feita com fé salvará o doente. O Senhor o fará levantar-se. E se cometeu pecados, lhe serão perdoados (Tg 5,13-15).
> [...] A oração fervorosa do justo tem grande poder (5,16b).

Na oração de intercessão, nós mesmos estamos implicados. Somos estimulados à intimidade confiante com Deus, ao estreitamento de amizade, amor, atenção e cuidado com as pessoas por quem oramos. Também somos motivados a ser mais sensíveis, solidários e atuantes quanto a situações difíceis, dolorosas, conflitivas. Jesus, sabendo bem que acontecem facilmente conflitos e até inimizades entre as pessoas, nos estimula a amar os nossos inimigos (cf. Lc 6,27) e a orar pelos que nos fazem sofrer, nos perseguem, nos maltratam. Ele mesmo nos deu o exemplo ao orar pelos que se comportavam como seus inimigos. Nossa oração de intercessão é para suplicar ao Pai a conversão deles e para que tenhamos, e eles também, a graça e a coragem de exercermos generosamente a misericórdia e, assim, perdoar-nos mutuamente, reatarmos a amizade.

> Amem os seus inimigos e façam o bem a quem odeia vocês. Falem bem de quem fala mal de vocês. Rezem por aqueles que os caluniam (cf. Lc 6,27-28).

CAPÍTULO 12

CHAMADOS A SER MISERICORDIOSOS

O Papa Francisco, desde o início de seu pontificado, em 13 de março de 2013, vem fazendo um forte e reiterado chamado para que a Igreja seja sempre misericordiosa e para que cada um de nós, discípulos-missionários de Jesus e membros da sua comunidade, sejamos testemunhas, apóstolos e realizadores de misericórdia.

> [...] deixemo-nos surpreender por Deus. Ele nunca se cansa de escancarar as portas do seu coração, para repetir que nos ama e deseja partilhar da nossa vida. A Igreja sente, fortemente, a urgência de anunciar a misericórdia de Deus. A sua vida é autêntica e credível, quando faz da misericórdia seu convicto anúncio. Sabe que a sua missão primeira, sobretudo em uma época como a nossa, cheia de grandes esperanças e fortes contradições, é a de introduzir a todos no grande mistério da misericórdia de Deus, contemplando o rosto de Cristo. A Igreja é chamada, em primeiro lugar, a ser verdadeira testemunha da misericórdia, professando-a e vivendo-a como o centro da revelação de Jesus Cristo (*Misericordiae Vultus* 25).

No último capítulo deste livro, fruto de um intenso momento de meditação sobre a misericórdia, coloco à disposição um resumo da encíclica *Dives in Misericordia* e da bula pontifícia *Misericordiae Vultus*, sugerindo que estes dois importantes documentos sejam lidos e meditados.

Dives in Misericordia (Deus, rico em misericórdia)

Dives in Misericordia é uma encíclica do Papa João Paulo II, publicada no dia 30 de novembro de 1980, primeiro domingo do Advento, no terceiro ano de seu pontificado. Quando do lançamento desse documento, o papa relembrou que desde o início de seu pontificado havia colocado como um sonho escrever sobre a Santíssima Trindade. E, de fato, em 2 de março de 1979 ele publicou uma encíclica sobre Jesus Cristo, a *Redemptoris Hominis* (O Salvador da humanidade). Depois, sobre o Espírito Santo, a *Dominum et Vivificantem* (Senhor e vivificador), em 18 de abril de 1986. Finalmente, discorreu sobre Deus Pai na encíclica *Dives in Misericordia* (Deus, rico em misericórdia). No dia do lançamento dessa encíclica, o papa justificou o tema escolhido:

> A Igreja e o mundo têm necessidade da misericórdia, que revela o amor mais forte que o pecado e todo o mal, que envolve o homem em sua existência terrena.

É bom relembrar aqui o discurso do Papa Paulo VI no encerramento do Concílio Vaticano II, em 8 de dezembro de 1965. Ele colocou a atitude do bom samaritano como um dos eixos do Concílio e como inspiração da espiritualidade conciliar. A Igreja, para ser Igreja, existe em função da salvação inteira do ser humano, porque o ser humano é o alvo do amor misericordioso de Deus. Jesus Cristo cuidou do ser humano, especialmente do pobre, do doente, do excluído socialmente, lutou pela justiça, condenou a exploração e a manipulação do poder político, econômico e religioso (salvação já neste mundo), e, obviamente, deu atenção à ruptura com Deus ou com as relações com Deus afetadas, feridas e em perigo, isto é, dominadas pelo pecado (salvação nas relações com Deus e para a vida eterna feliz).

João Paulo II, no primeiro parágrafo da *Dives in Misericordia*, parte da realidade do mundo, sob o domínio da separação, da dicotomia, da desunião, do conflito, da guerra, dos abismos que distanciam uma pessoa da outra, grupos e povos, governos e instituições, assim como do não cumprimento dos Direitos Humanos. Há no mundo uma distorção na compreensão da antropologia e da fé, sobretudo a fé cristã, e, como consequência, uma distorção na compreensão da missão da Igreja:

> Enquanto as várias correntes do pensamento humano [...] têm sido e continuam a ser marcadas pela tendência para separar e até mesmo contrapor o teocentrismo e o antropocentrismo, a Igreja, seguindo a Cristo, procura, ao contrário, uni-los conjuntamente na História do homem, de maneira orgânica e profunda. Isso é também um dos princípios fundamentais, talvez o mais importante, do Magistério do último Concílio.

O papa, levando em conta o Concílio Vaticano II, sobretudo na *Gaudium et Spes*, expõe seu ensinamento sobre a missão, o papel da Igreja na História e, principalmente, no mundo de hoje. Mas ele não se limita às realidades do ser humano na História e no mundo daqui, onde a própria Igreja está inserida e é parte delas, portanto, não pode ignorá-las nem deixar de atuar para modificá-las em vista do bem da humanidade. Mas a Igreja, a exemplo de Jesus Cristo, se dedica também, e com todo o seu empenho, à dimensão religiosa do ser humano, à sua fome e sede de Deus, à sua atração fundamental para a comunhão com Deus. A missão da Igreja, comunidade e povo de discípulos de Jesus Cristo, só é completa, autêntica e eficaz se é essencialmente de fé, esperança, amor, e totalmente voltada, alimentada e inspirada em Deus. Este é o grande diferencial da Igreja em relação a todas as outras organizações sociais humanitárias, que são de grande valor para a sociedade e a vida humana.

O papa, em seguida, discorre sobre a necessidade do perdão e alerta para que "um mundo do qual se eliminasse o perdão seria apenas um mundo de justiça fria e irrespeitosa, em nome da qual cada um reivindicaria os próprios direitos em relação aos demais" (parágrafo 76). Se isso acontecesse, obviamente se deformaria a compreensão do plano divino e, portanto, se tentaria desconhecer e mesmo combater o perdão e a misericórdia:

> A palavra e o conceito de misericórdia parecem causar mal--estar ao homem, o qual, graças ao enorme desenvolvimento da ciência e da técnica, nunca antes verificado na História, se tornou senhor da terra, a subjugou e a dominou (DM 2).

João Paulo II, ao refletir sobre as exigências da equidade, afirma que elas só têm o cunho cristão quando se completam com a ideia do perdão. Ele afirma:

> A Igreja compartilha com os homens de nosso tempo este profundo e ardente desejo de uma vida justa sob todos os

aspectos [...]. Entretanto, seria difícil não dar-se conta de que, muitas vezes, os programas que têm como ponto de partida a ideia de justiça [...] na prática sofrem deformações [...]. Há experiência do passado e de nosso tempo que mostra que a justiça, por si só, não é suficiente e, mais, que ela pode levar à negação e ao aniquilamento de si mesma, se não permitir àquela força mais profunda, que é o amor, plasmar a vida humana nas suas várias dimensões (DM 12).

E o papa continua:

Tendo diante dos olhos a imagem da geração de que fazemos parte, a Igreja compartilha a inquietação de não poucos homens contemporâneos. Além disso, devemos preocupar-nos também com o declínio de muitos valores fundamentais que constituem valor incontestável não só da moral cristã, mas até simplesmente da moral humana, da cultura moral, como sejam o respeito pela vida humana desde o momento da concepção, o respeito pelo matrimônio com sua unidade indissolúvel e o respeito pela estabilidade da família (ibid.).

Nesse seu valioso documento, João Paulo II insiste que, em nossa época, marcada profundamente por injustiças, incertezas e violência, é importante falar da misericórdia divina, proclamá-la em toda a sua extensão. É preciso buscar que ela penetre a vida dos fiéis e mesmo de todos os seres humanos de boa vontade. Consciente da grandeza de ter Deus por Pai, a humanidade, acabrunhada pelo peso de tantos sofrimentos, expressa na oração a confiança na bondade do Senhor. Esse grito de socorro mostra a necessidade de uma geração que se apoie no poder do Criador.

Misericordiae Vultus (O rosto da misericórdia)

O Papa Francisco inicia sua bula pontifícia com esse denso e rico parágrafo sobre Jesus Cristo, o rosto de Deus--misericórdia:

> Jesus Cristo é o rosto da misericórdia do Pai. O mistério da fé cristã parece encontrar nestas palavras a sua síntese. Tal misericórdia tornou-se viva, visível e atingiu o seu clímax em Jesus de Nazaré. O Pai, "rico em misericórdia" (Ef 2,4), depois de ter revelado o seu nome a Moisés como "Deus misericordioso e clemente, vagaroso na ira, cheio de bondade e fidelidade" (Ex 34,6), não cessou de dar a conhecer, de vários modos e em muitos momentos da história, a sua natureza divina. Na "plenitude do tempo" (Gl 4,4), quando tudo estava pronto segundo o seu plano de salvação, mandou o seu Filho, nascido da Virgem Maria, para nos revelar, de modo definitivo, o seu amor. Quem o vê, vê o Pai (cf. Jo 14,9). Com a sua palavra, os seus gestos e toda a sua pessoa, Jesus de Nazaré revela a misericórdia de Deus.

No decorrer da história do seu povo, Deus agiu com amor e sempre esteve atento ao clamor e às súplicas de todos, mas particularmente dos pobres, dos injustiçados e sofridos. Ele o fazia, também, mediante a súplica de seus líderes, que lhe eram fiéis, como revela o livro do Êxodo: "Moisés, porém, suplicava ao Senhor seu Deus" (Ex 32,11); "E o Senhor desistiu do mal que havia ameaçado fazer a seu povo" (Ex 32,14). No Novo Testamento, a misericórdia é manifestada em Jesus Cristo, o próprio Deus encarnado, portanto, a visibilidade de Deus na História, o "rosto da bondade, da compaixão, do amor", "o rosto da misericórdia".

O Papa Francisco cita Santo Tomás de Aquino, para quem "é próprio de Deus usar de misericórdia e, nisto, se manifesta de modo especial a sua onipotência" (*Summa Theologiae*, II-II, q. 30, a. 4). É, portanto, da natureza de Deus, a partir do que ele nos revelou nas Sagradas Escrituras, ser providente, próximo, santo, paciente e misericordioso. Ele está de braços abertos, com ternura, para acolher, perdoar, reconciliar, como expressa o Sl 103(102),3-4: "É ele quem perdoa as suas culpas e cura todas as suas enfermidades. É ele quem resgata a sua vida do túmulo e o enche de graça e ternura". Sua misericórdia é justiça e, por isso, diz o Sl 146(145),7-9: "O Senhor liberta os prisioneiros, o Senhor dá vista aos cegos, o Senhor levanta os abatidos, o Senhor ama o homem justo. O Senhor protege os que vivem em terra estranha e ampara o órfão e a viúva, mas entrava os caminhos dos pecadores". O Povo de Deus não cessa de aclamá-lo, com este refrão: "Porque eterna é sua misericórdia!" (Sl 136[135]). A misericórdia de Deus não é abstrata, mas concreta. É um amor visceral, pois provém do íntimo, como um sentimento profundo, feito de ternura e compaixão, indulgência e perdão.

No Novo Testamento, a misericórdia é manifestada em Jesus Cristo, o próprio Deus encarnado, portanto, a visibilidade de Deus na História, o "rosto da bondade, da compaixão, do amor", "o rosto da misericórdia". Em toda a sua vida o amor misericordioso de Deus se tornou palpável e se expressou em gestos concretos, em palavras de vida (ver as parábolas da misericórdia), em acolhida, consolo, cura, ressurreição. O ponto máximo da encarnação da misericórdia é a cruz e a ressurreição: dar a vida por quem se ama (cf. Jo 15,13).

A misericórdia é um dos critérios fundamentais da identidade dos filhos de Deus, dos discípulos-missionários de Jesus Cristo. Somos chamados a viver a misericórdia em nosso dia a dia porque Deus usou e usa de misericórdia conosco. A recomendação de Jesus, "sede misericordiosos como o vosso pai é misericordioso" (Lc 6,36), tem como consequência a graça da misericórdia de Deus e dos outros, pois "Felizes os misericordiosos, porque alcançarão misericórdia" (Mt 5,7). E foi isso que levou São Paulo a dizer, com gratidão, "encontrei misericórdia" (1Tm 1,13.16) e a recomendar "Quem pratica a misericórdia, faça-o com alegria" (Rm 12,8).

O Papa Francisco diz que

a arquitrave que suporta a vida da Igreja é a misericórdia. Toda a sua ação pastoral deveria estar envolvida pela ternura com que se dirige aos crentes, no anúncio e testemunho que oferece ao mundo, nada pode ser desprovido de misericórdia. A credibilidade da Igreja passa pela estrada do amor misericordioso e compassivo [...]. Chegou de novo, para a Igreja, o tempo de assumir o anúncio jubiloso do perdão. É o tempo de regresso ao essencial, para cuidar das fraquezas e dificuldades de nossos irmãos! (MV 10).

Isso porque

a Igreja tem a missão de anunciar a misericórdia de Deus, coração pulsante do Evangelho, que por meio dela deve chegar ao coração e à mente de cada pessoa. [...] onde a Igreja estiver presente, aí deve ser evidente a misericórdia do Pai. Nas nossas paróquias, nas comunidades, nos movimentos, em suma, onde houver cristãos, qualquer pessoa deve poder encontrar um oásis de misericórdia (MV 12).

Um modo prático de viver a misericórdia é realizar as obras de misericórdia corporal e espiritual. É uma maneira de entrar cada vez mais no coração do Evangelho, onde os pobres são os privilegiados da misericórdia. Não podemos esquecer as palavras do Senhor, com base nas quais seremos julgados: se demos/damos de comer a quem teve/tem fome e de beber a quem teve/tem sede; se acolhemos o estrangeiro e vestimos quem estava/está nu; se reservamos tempo para visitar quem estava/está doente e/ou preso (cf. Mt 25,31-45). E o mesmo acontecerá a respeito de como vivemos as obras de misericórdia espiritual. Afinal, assim como Jesus, também sobre nós veio o Espírito Santo, que nos ungiu e nos enviou a evangelizar os pobres, anunciar a libertação e proclamar o ano da graça do Senhor.

Oração para vivermos a misericórdia

Papa Francisco

Senhor Jesus Cristo, vós que nos ensinastes a ser misericordiosos como o Pai celeste, e nos dissestes que quem vos vê, vê a ele,

Mostrai-nos o vosso rosto e seremos salvos.

O vosso olhar amoroso libertou Zaqueu e Mateus da escravidão do dinheiro; a adúltera e Madalena de colocar a felicidade apenas numa criatura; fez Pedro chorar depois da traição, e assegurou o Paraíso ao ladrão arrependido.

Fazei que cada um de nós considere como dirigidas a si mesmo as palavras que dissestes à mulher samaritana: Se tu conhecesses o dom de Deus!

Vós sois o rosto visível do Pai invisível, do Deus que manifesta sua onipotência, sobretudo com o perdão e a misericórdia:

Fazei que a Igreja seja no mundo o rosto visível de vós, seu Senhor, ressuscitado e na glória.

Vós quisestes que os vossos ministros fossem também eles revestidos de fraqueza para sentirem justa compaixão por aqueles que estão na ignorância e no erro:

Fazei que todos os que se aproximarem de cada um deles se sintam esperados, amados e perdoados por Deus.

Enviai o vosso Espírito e consagrai-nos a todos com a sua unção para que a vossa Igreja possa, com renovado entusiasmo, levar aos pobres a alegre mensagem "proclamar aos cativos e oprimidos a libertação e aos cegos restaurar a vista".

Nós vo-lo pedimos por intercessão de Maria, Mãe de Misericórdia, a vós que viveis e reinais com o Pai e o Espírito Santo, pelos séculos dos séculos.

Amém!

BIBLIOGRAFIA

ALAND, Kurt et alii. *The Greek New Testament – Dictionary.* UK: United Bible Societies, 1983.

ALTEMAYER JUNIOR, Fernando. Misericórdia exige um novo coração. Revista *O Mensageiro de Santo Antônio, Theoblog,* Santo André, out. 2015, p. 10-13.

BOFF, Leonardo. *Jesus Cristo libertador.* Petrópolis: Vozes, 1972.

CELAM. *A Igreja na atual transformação da América Latina à luz do Concílio.* Conclusões de Medellín. Petrópolis: Vozes, 1970.

CNBB. *Diretrizes gerais da ação evangelizadora da Igreja no Brasil, 2015-2019.* Brasília: CNBB, 2015. Documentos da CNBB, n. 102.

_____. *Documento de Aparecida.* Brasília: CNBB/Paulinas/Paulus, 2008.

COLETA, Karine A. P. Garcia. *O "Deus de toda consolação" no sofrimento de Paulo. Um estudo exegético-teológico na Segunda Carta aos Coríntios.* Dissertação de mestrado (orientador: Padre Johan Konings) apresentada na FAJE (Faculdade Jesuíta de Teologia e Filosofia). Belo Horizonte, 2014. Texto disponível em: <http://www.faculdadejesuita.edu.br/documentos/070115-uwT-77NvLbkbl1.pdf>.

CONSELHO PONTIFÍCIO PARA A PROMOÇÃO DA NOVA EVANGELIZAÇÃO. *As parábolas da misericórdia*. São Paulo: Paulus/Paulinas, 2015.

_____. *Os salmos da misericórdia*. São Paulo: Paulus/Paulinas, 2015.

FRANCISCO. Bula de proclamação do Jubileu Extraordinário da Misericórdia *Misericordiae Vultus* (O rosto da misericórdia). São Paulo: Paulinas, 2015. Coleção A Voz do Papa, n. 200.

_____. Exortação apostólica *Evangelii Gaudium* (A alegria do Evangelho). São Paulo: Paulinas, 2013. Coleção A Voz do Papa, n.198.

GUTIÉRREZ, Gustavo. *Teologia da libertação*. Petrópolis: Vozes, 1972.

JOÃO PAULO II. Carta apostólica *Rosarium Virginis Mariae* (O rosário da Virgem Maria). São Paulo: Paulinas, 2002. Coleção A Voz do Papa, n. 183.

_____. Carta encíclica *Splendor Veritatis* (O esplendor da verdade). São Paulo: Paulinas, 1993. Coleção A Voz do Papa, n. 130.

_____. Carta encíclica *Dives in Misericordia* (Deus, rico em misericórdia). São Paulo: Paulinas, 1980. Coleção A Voz do Papa, n. 96.

KASPER, Walter. *A misericórdia;* condição fundamental do Evangelho e chave da vida cristã. São Paulo: Loyola, 2015.

KELLER, Timothy. *El Dios pródigo;* recuperemos el corazón de la fe cristiana. Estados Unidos: Editorial Vida, 2008.

LA SALLE, João Batista de. Meditações para o tempo de retiro (MR) n. 193 a 208. In: *Obras completas de La Sal-*

le. Canoas: Ed. Unilasalle, 2012. Vol. II-B, a cargo de Irmão Edgar Hongemülle.

MERCIER, Jean. A encíclica oculta de Francisco no Rio. Revista *La Vie*, Paris, 2013.

MESQUITA GALVÃO, Antônio. A experiência da misericórdia. Texto em ADITAL, 10 fev. 2009. Disponível em: <http://www.adital.com.br/site/noticia_imp.asp?-cod=37237&lang=PT>.

_____. *O pai misericordioso. Reflexões sobre a parábola do filho pródigo*. 2. ed. Petrópolis: Vozes, 1997.

NOUWEN, Henri J. M. A *volta do filho pródigo*; a história de um retorno para casa. São Paulo: Paulinas, 2007.

NOVA *BÍBLIA PASTORAL*. São Paulo: Paulus, 2015.

NERY, Irmão. Natal. Teologia, tradição e símbolos. Aparecida: Santuário, 2004.

PADIN, Dom Cândido; GUTIÉRREZ, Gustavo; CATÃO, Francisco. *Trinta anos depois, Medellín é ainda atual?* São Paulo: Paulinas, 2004.

PAULO VI. Carta encíclica *Populorum Progressio*. Sobre o desenvolvimento dos povos. Disponível em: <http://www.dhnet.org.br/direitos/anthist/marcos/edh_enciclica_populorum_progressio.pdf>.

_____. Exortação apostólica *Evangelii Nuntiandi*. Sobre a evangelização no mundo contemporâneo. São Paulo: Paulinas, 1975. Coleção A Voz do Papa, n. 85.

_____. *Discurso aos camponeses em Mosquera (Colômbia)* em 23 ago. 1968.

QUEIROZ, Nana. *Presos que menstruam*. Rio de Janeiro: Record, 2015.

SANTO AGOSTINHO. *Confissões*. Petrópolis: Vozes, 2011.

SANTO AFONSO DE LIGÓRIO. *Glórias de Maria*. Aparecida: Santuário, 2011.

SBARDELOTO, Moisés. Um tempo de muita misericórdia. Revista *Família Cristã*, São Paulo: dez. 2015, p. 55-46.

SOBINO, Jon. *Jesucristo liberador, lectura histórico-teológica de Jesús de Nazaret*. Madrid: Editorial Trotta, 1991.

VATICANO. *Compêndio do Concílio Vaticano II*. Petrópolis: Vozes, 2000.

_____. *Catecismo da Igreja Católica*. Petrópolis: Vozes, 1994.

Impresso na gráfica da
Pia Sociedade Filhas de São Paulo
Via Raposo Tavares, km 19,145
05577-300 - São Paulo, SP - Brasil - 2016